カリブ／ラテンアメリカ 地図

刊行にあたって

本書は、二〇二四年八月三日に開催されたシンポジウム「日本から考えるラテンアメリカとフェミニズム」（共催ラテンアメリカ探訪二〇〇回記念企画実行委員会・立命館大学国際言語文化研究所ジェンダー研究会、於早稲田大学）をもとに編まれました。本書に収録の序章（「日本からラテンアメリカとフェミニズムを考えるとはどういうことか」水口良樹）、第一章（「ラテンアメリカ文学、フェミニズム、そしてマチスモ」洲崎圭子）、第二章（「プダウエル区（チリ、サンティアゴ）におけるマプーチェ・フェミニズムの出現に関する考察」カリーナ・アウマーダ）、第三章（「フェミニズムにおけるアートとアクティビズム」岩間香純）、第四章（「採掘主義について」廣瀬純）は、それぞれシンポジウムのパネリストによる同タイトルの講演内容に加筆修正を加えたものです。書籍化にあわせ、文学、哲学、政治学、文化人類学、地域研究など広範な分野の専門家にご協力をいただき、ラテンアメリカのフェミニズムシーンに関する書き下ろしコラムを多数集録しました。また、学びをさらに深めたい読者に向けて、文学、音楽、映画、書籍、論文の情報を集め、「ラテンアメリカのフェミニズムとより深く出会う入口となる資料集」としてまとめています。紙幅の都合から本書に盛り込むことができなかった詳しい情報は本書特設Ｗｅｂページ（詳細は一六二頁参照）に掲載していますので、こちらもぜひご活用ください。

本書のテーマであるフェミニズムとは何か、その定義を一意に定めることは難しいですが、最大公約数的な説明を試みれば、女性差別を撤廃し、女性が自らの生き方を決める権利を獲得することを目指す思想と運動、となるでしょうか。現代のフェミニズムにおいて、その主体である「女性」には、人種的・性的・社会経済的階層上のマジョリティではない女性たちも包括されていることは本書の中でも言及されている通りです。フェミニズムと呼ばれうる活動の内容や担い手も多様化しており、常に「フェミニズムズ」として複数形でとらえる方が適切かもしれません。本書に収められたさまざまな思想や活動からも、それを実感していただけると思います。

シンポジウムおよび本書を企画する際に、私たち編者は、「日本から／日本語で」ラテンアメリカとフェミニズムを考えるという視座を大切にしようと考えました。日本から地理的にも文化的にも遠く離れたラテンアメリカは、日本とはまるで共通点のない地域だと思われがちです。しかし、家父長制とグローバルな新自由主義が結びつき、生活の不安定化が進むなか、それに立ち向かうラテンアメリカのフェミニズムの思想や活動は、同様の状況に直面する日本の私たちにとって大きな示唆を得る可能性を秘めています。ラテンアメリカの複雑な社会・文化的状況を反映したさまざまなフェミニズムは、欧米に目が向きがちな日本のフェミニズムやジェンダー研究を異化する視点を提供してくれる学びの宝庫でもあります。また、ラテンアメリカやフェミニズムに広く関心のある一般の読者にも気軽に手に取っていただけるよう、分かりやすい内容とすることを心がけました。バリエーションに富んだ「ラテンアメリカのフェミニズム」のすべてをこの一冊に網羅することは不可能ですが、できるだけ多くの国や地域、視点や論点を取り上げることにも努めました。残念ながら、諸事情により取り上げられなかった国や地域、活動もありますが（例えば、重要な運動の一つであるニ・ウナ・メノス Ni Una Menos など）、日本語で読める現代ラテンアメリカのフェミニズムに関する文献が限られている現状を踏まえると、一定程度の貢献ができるのではないかと自負しています。

なお、本書の刊行にあたり、JSPS科研費一九K二〇五八九（代表研究者：柳原恵）からのサポートを受けたほか、本書刊行の趣旨にご賛同いただいた多くの方々からのご寄付も頂戴しました（「謝辞」参照）。心からのお礼を申し上げるとともに、支援をいただいた方々や、本書を手に取る読者の皆さまのご期待に少しでも応えられることを願っています。最後に、本書の刊行が、遠く離れた地でより良い社会の実現をめざし奮闘するラテンアメリカの人々への連帯を示すものともなれば幸いです。

二〇二四年十一月　編者を代表して　柳原恵

日本から考えるラテンアメリカとフェミニズム
Pensar el Feminismo y Latinoamérica desde Japón

目次

ラテンアメリカのフェミニズムとより深く出会う入口となる資料集 162

序章

日本からラテンアメリカとフェミニズムを考えるとはどういうことか

水口良樹

ラテンアメリカは日本から遠く、多くの日本人が移民として渡っていった地であり、地球の裏側、資源豊かな発展途上国、というイメージと、マチュピチュやウユニ塩原、サンバ・カーニバル、死者の日といったエキゾチックな文化と自然のイメージがまじりあった地域でもあります。同時に「マチスモ」という言葉に象徴されるような男性による権力の誇示と女性への支配と抑圧が根深く残る印象が強い地域だともいえるでしょう。しかし実際に見てみると、ラテンアメリカ諸国の女性たちを取り巻く状況は大きな改善を求めるうねりの中にあり、依然として根深い女性差別や様々な女性解放運動へのバックラッシュがありながらも確実に前進しています。

序章ではまず、ラテンアメリカとフェミニズムをめぐる基本的な状況を整理し、続く章やコラムで掘り下げるための土台を作りたいと思います。同時に、日本という社会が欧米ばかりを眼差しながら形づくってきた自己像それ自体を問いなおす契機として、ラテンアメリカ地域というものを通して世界を考え、フェミニズムが問うてきた問題を脱植民地化、脱西洋化していくことを目指して改めて問いなおすことで、よりよい社会を作っていくための問題提起が出来ればと思っております。

1. ラテンアメリカ及びカリブ海地域とはどのような地域か

カリブ・ラテンアメリカという地域についてお話しします。ここでいうカリブ・ラテンアメリカとは、カリブ海諸島地域に北米大陸のメキシコ、細長い中米地峡地域、および南米大陸をイメージしていただければと思います（以下、ラテンアメリカとのみ呼称している際にも、多くの場合カリブ地域を含んで示しているとご理解ください）。

言うまでもなく、一四九二年にコロンブスがカリブ海域に到達する以前は、その土地で生まれ、文化を育んできたさまざまな人々が、多様な自然環境に適応しながら生活を営んでいました。そうした人々がヨーロッパ人によって虐殺されながら「征服」され、「植民地」として支配されていったわけです（そして先住民との混血が性暴力を伴って始まりました）。

まずカリブ海域の先住民が全滅させられた後、当時繁栄していたメキシコ盆地のエシュカン・トラトロヤン（十九世紀にドイツ人にアステカと名づけられました）やアンデス地域のタワンティンスユ（本来は王族を指していた「インカ」という名前で知られています）といった国々も滅ぼされました〔*1〕。その後もユカタン半島やアマゾン地域、アルゼンチンパンパ（平原）や南極に近いパタゴニアといった地域に住んでいた、さまざまなより小さな民族集団も、おおよそ遅くとも二〇世紀半ばまでにそのほとんどが領土を奪われ、殺されながら服従させられていくことになりました（同時にエシュカン・トラトロヤンやタワンティンスユが周辺民族を「支配」している抑圧構造があったことが、ヨーロッパによる「征服」を可能にしたということも忘れてはいけません）。

そのうえで入植者たちは、ヨーロッパ社会に隷属させるための規範（ルール）をこの地域に根付かせ、本国に富を送るための収奪のシステムを構築していきました。こうした制度は、大航海時代前後から立ち上がってきた資本主義経済システムがキリスト教とタッグを組むことで、身体も精神も支配していく構造として組み上げられたものでした。先住民や、奴隷化されて連れてこられたアフリカの人々およびその子孫が、こうした状況に抵抗し、中には逃亡者たちの隠れ里も各地に作られたりもしました。そして一七九一年にハイチ革命から始まる独立がカリブ海のイスパニョーラ島で奴隷化された人びとによって達成されたことは決定的な転機となりました（もっともその後一〇〇年以上にわたるフランスへの多額の独立の賠償金支払いに苦しめられるという地獄がまっていたわけですが）。

続く十九世紀に入るとラテンアメリカの多くの国が独立していくことになります。しかしこれらは先に独立したハイチ、そして第二次世界大戦後に独立するアジア・アフリカ地域のようなヨーロッパ系住民を追い出しての先住民や奴隷化された人びとによる独立とは根本的に異なり、入植者たち、つまり植民地支配を行っているヨーロッパ人の一派が本国との利権争いの中で独立したものでした。その結果、植民地主義体制は継続、むしろ強化されることになってしまいました。そのため、一九一〇年にはメキシコ革命がこれを是正するものとして勃発しますが、こうした動きも結局は反動勢力に乗っ取られ頓挫していくことになりました。

二〇世紀初頭の時代は、カリブ・ラテンアメリカ各国が国民国家への転換を目指してそれぞれの国で国民文化を創出することでナショナリズムを高めていくことが推進された時代でした。その際、それまで疎外されてきた先住民やアフロ系子孫の文化が国家の誇るべき文化であると称揚され、結果的に差別と収奪を温存しながらその文化のみを国民文化へと「回収」していくようなさまざまな文化運動が立ち上がりました（もちろん差別をなくそうとした多くの人びともこうした運動で闘っていました）。こうした知識人による文化称揚は、産業化によってそうした運動の意味さえも空洞化され、紆余曲折を経ながらもやがて当事者自身による主権者運動への奪還が目指されていくことになります。

一九五九年にキューバ革命が成功すると、ラテンアメリカ諸国では米国植民地主義による政治経済への介入と搾取、そしてそれを背景とした国内の格差を利用した支配の構造を変更しようという社会運動が大きく盛り上がります。一九七〇年にはチリで選挙でアジェンデ社会主義政権が誕生、その後もニカラグアでサンディニスタ革命などが起こりました。こうした米国の間接支配を脱し、格差を是正し主権と民主政治を回復しようとする動きに対し、米国の経済・軍事援助を受けた軍事クーデターによる独裁化と、左派勢力に対する弾圧、誘拐、拷問、虐殺が各地で続きました。例えばアルゼンチンで約三万人、グァテマラではなんと二十万人の人が命を落とすことになり、今なお多数の行方不明者がいます。

このような軍や警察、民兵らに拉致されたまま帰ってこない人たちを強制失踪者（スペイン語ではデサパレシードス）と呼びます。年月を経ても帰ってこない彼らはおそらく殺されているでしょう。しかし家族はそれでも生きているかも知れないという希望を抱かずにはおれず、心のどこかで無事の帰還を待ってしまう。その結果、失踪者家族はまさに希望を捨てられないがゆえに、今を未来に向けて生きることができず強制的に時を止められたまま、ずっと同じところで足踏みして生きることを強いられる日々を積み重ねてしまうのです。

ちなみにラテンアメリカの政治弾圧といえば、米国と結びついた右派独裁政権による虐殺や強制失踪が有名ですが、左派陣営においても大小さまざまな弾圧が起こっています。革命で世界に大きなインパクトを与えたキューバでも、七一年に政府に批判的だった詩人を逮捕、強制転向させたパディージャ事件が起こり、キューバに連帯しラテンアメリカ主義を打ち立てようとしていた文化人の離反を招きました。また『夜になる前に』や『苺とチョコレート』といった作品で告発されたように同性愛者への抑圧も厳しいものでした。【↓コラム⑦】

さらに激しいものとしては、八〇年代から九〇年代にかけて毛沢東主義を掲げたペルー共産党センデロ・ルミノソによる革命を目指した内戦下での虐殺と支配を忘れてはいけません（アンデスに住んでいた先住民はさらに軍による対センデロ殲滅《せんめつ》戦でもほぼ無差別に殺されたことで双方からの被害者となりました）。さらに二一世紀に入ってからのベネズエラのマドゥーロ政権やニカラグアのオルテガ政権下での抑圧と難民の流出といった問題は、たとえ表向きは平和や平等を説く左派であっても、権力を持てば敵対勢力の殲滅《せんめつ》だけでなく組織防衛や利権／汚職のために弾圧もするし殺しもする存在になり得るのだということを示しています。

また近年、メキシコから南米大陸北部にかけて麻薬マフィアによる暴力とそれに対抗する警察による暴力のエスカレートによる死者と行方不明者も増えており、こうした暴力は当然性暴力を伴うものとして女性たちをより厳しい状況へと追いやっています。

ちなみに左派運動の盛り上がりに際しては、アートが非常に大きな役割を果たしています。音楽や民芸品、壁画や版画などの公共芸術、映画や演劇に代表されるパフォーマンスアートなどを通して「社会は変えていくことができるのだ」という期待を具体的なイメージで人々に広げ、虐殺の裏側で生きのびること、やり過ごすこと、殺された人々を居なかったことにしようとすることへの抵抗として、記憶するためのアート、可視化するためのアートが生み出されてきました。【→第三章、コラム③⑨⑬⑭⑯】

また、CIAのアシストを受けて一九七三年に決行されたチリのピノチェト将軍の軍事クーデターから始まる独裁政権は、シカゴ大学の経済学者ミルトン・フリードマンが提唱する新自由主義経済システムの実験場へとチリを変えました。この「新自由主義」とはいわゆる市場原理主義であり、「小さい政府」の掛け声とともに公共の民営化——つまり公共財の私物化——や雇用の流動化、福祉と教育の予算削減が改革として推進されます。さらにそれらの政策への反対運動を抑止するために監視国家化、警察国家化されていきます。そしてあらゆる価値を経済的視点のみで序列化し、稼げるか否かが評価基準となります。成長・競争が世界の在り方と規定され、有益な存在であることが求められるようになります。また金融市場が主導する新自由主義経済社会は実質よりも印象《イメージ》を重視するため、広告《プロパガンダ》が都市をジャックします。その結果、欲望を果てしなく暴走させ、民主主義を機能不全とすることで富を持つ者が権力を独占しやすい新たな収奪と支配の規範が構築されていくこととなります。その行き着く先は、地球という惑星自体の生態系を壊すことすら省みない、国民国家自体がグローバルな富裕層の経済同盟に私物化され奉仕する社会です。【→第四章】
こうしてラテンアメリカ各国に広がった軍事政権を介した新自由主義経済システムの実験は、八〇年代には各国でハイパーインフレを引き起こし多くの国家が破綻していくことになりました。しかしこれで富裕層が圧倒的に儲かるという実績を得たことにより、新自由主義がイギリスやアメリカでもサッチャー政権やレーガン政権のもとで導入され、IMFなどを通じて世界にも半ば強制的に広げられていったわけです。

こうした経済支配のグローバル化に対して、一九九四年にメキシコのチアパスでは先住民が主体となったサパティスタ民族解放軍（EZLN）の蜂起によって「もうたくさんだ!」と新自由主義へのNOが叫ばれ、世界に大きなインパクトを与えました。実はこの蜂起の前年にはチアパスの先住民社会の中で、先住民女性たちの非常に差別的な生活がサパティスタによって大きく改革されていたことが、この蜂起を可能にしていたのです［ロビラ二〇〇五］。【→コラム⑪】

このように、ラテンアメリカを巡る状況は今なお植民地主義の強い影響下にあり、新自由主義はそれをより強化する役割を果たしています。【二一世紀の動向は第四章参照】

ところで、なぜ私たちはこの地域を、ヨーロッパ人であるアメリゴ・ヴェスプッチにちなんで「アメリカ」という名前で呼んでいるのでしょうか。実はラテンアメリカの先住民社会は、この「アメリカ」という呼称自体に異議申し立てをしており、パナマの先住民グナ《＊ii》の人々の言葉から「アビヤ・ヤラ Abya Yala」と呼ぶことを求めています《＊iii》。「アビヤ・ヤラ」。ぜひこの呼称を皆さんも覚えて、そして使ってほしいと思います。

そしてこうした声の重みを、私たちはきちんと受け止め、考え、応えていくためにもぜひこの本を使っていただければと思います。

2. フェミニズムと向かい合うということ

さて、このようなアビヤ・ヤラ、すなわちラテンアメリカを考えるテーマに、なぜ今フェミニズムが据えられたのかということについて、今度は考えてみたいと思います。

日本のフェミニズムは、常に強烈なバックラッシュの中にあったといえます。ジェンダーギャップ指数は相変わらず世界一二〇位前後を行ったり来たりしています。また性的マイノリティに対する許容度も下落傾向でUCLAの調査では二〇一七年で六十六位です。

日本は、依然として女性が一人で生きることが難しい社会であり、女性が男性をケアすることが当たり前とされる社会制度に固執してきました。それは、男女の賃金格差であったり、無償もしくは低賃金のケア労働が半ば強制的に女性へと割り当てられる社会構造であったり、「家族」という枠組みを特別視することで家が檻《おり》となりDV(家庭内暴力)から逃げられない構造を強化されたり、あらゆる場所での性暴力が問題とされない社会であったり、望まぬ妊娠を中絶したり避妊する権利が制限され、生まれた子どもをめぐる責任が女性にのみ押しつけられることなど枚挙にいとまがありません。

こうした女性への差別は、個人の思想によってのみ行われるものではなく、社会の構造として広く強制されるものとしてあります。こうした構造にNOをいい、ジェンダー(性に割り振られた役割と規範)による格差を是正するため、そしてジェンダー秩序を解体するための女性運動としてフェミニズムは闘い続けてきました［江原二〇二一、以下も参考に：廣瀬二〇二一：六六‐六七頁］。

しかし、これは果たして女性の問題なのでしょうか。私はまさに男性の問題として考えるべきだと思っております。差別を行い、格差を利用してその制度的特権を享受しているのは男性であり、たとえ個人がそれを行わないように気をつけていたとしても制度的な恩恵から逃れることは出来ません。つまり、男性自身が制度を是正するために行動していない限り、差別に加担しているということになります。そういう意味でも、女性運動の「声」を奪わないかたちで、男性自身がこの状況にNOを言っていくことが、女性解放にとって非常に重要なのではないでしょうか。

日本において一般にフェミニズムと言われて想像されるものは、アメリカとイギリス、フランス、ドイツを中心とするいわゆる「主流」フェミニズムに、日本における女性解放運動やそれを巡って書かれてきたものが中心となっているのではないかと思います。そこには非西洋諸国の視点がありません。最近は「第三世界フェミニズム」という言葉もありますが、そういう視点が日本のフェミニズムでは周縁に置かれてきたように思います。それゆえ、ラテンアメリカ諸国の女性が抱えてきたさまざまな問いとそれにまつわる実践——実はここにスペインやイタリアの潮流も色濃く含まれているのですが——は、日本においてほとんど視野に入っていない状態です。しかし実は、ラテンアメリカのフェミニズムの実践には非常に重要なものがたくさんあります。この本ではそういったものを、限られた範囲ではありますが、皆さんと共有しつつ一緒に考えていければと思っております。

重要な概念をいくつか紹介したいと思います。まず、「リプロダクティブライツ／ヘルス」。「自分自身で子どもを産むかどうかを決める権利」に象徴される、自分の体のことを国家や他者に決めさせない自己決定権です（ここには「女性」だけでなくトランス男性やノンバイナリーなども含まれます）。これは非常に重要な人間の権利でありながら、つねに蹂躙されてきて、そして今も大きく後退するかどうかの瀬戸際にある権利の一つです。ラテンアメリカではカトリックが強いため、長らく中絶が違法である国が多かった。また富裕層はお金があるので中絶できるが貧困層は生むほかない、ということが貧困の再生産につながってきたという大きな問題もあります。緑のスカーフがこの中絶の権利運動の象徴となっていることはぜひ知っていて欲しいです。【→第三章、コラム①⑯】

それから「インターセクショナリティ（交差性）」。これは日本では複合差別という概念がありましたが、複数の差別が重なり合うことで、より劣位に置かれてしまう状況をあらわしています。これは米国の「ブラック・フェミニズム」の中で、アフロ系女性が「黒人」として差別されつつ、なおかつ女性として二重に差別される存在として提起されたことで議論されるようになりました。ラテンアメリカ域内においてもアフロ系子孫であること、または先住民であることが、さらに米国などの域外においてはスペイン語話者であることなどによるインターセクショナリティが非常に重要な問題として存在しています。同時に障害や病気、年齢や社会階層に起因する差別も一種のインターセクショナリティとして機能していくわけです。加えて私たち自身が差別の問題を扱いながら、返す刀で別の誰かを気づかぬまま差別している可能性を常に自らに問い続ける、ということもインターセクショナリティを明らかにし是正していこうという思想が挑んでいる重要な姿勢であるといえるでしょう。【↓第二章、第三章、第四章、コラム③⑥⑨⑩⑪⑫⑬】

ラテンアメリカにも「ブラック・フェミニズム」もしくはそれに類するものがあります。例えばアフロ系子孫がより多いカリブ海地域で生まれた思想の一部は、早くにアメリカやフランスを経由して主流フェミニズムに取り込まれたものもありましたが、そこではカリブ性が払拭され、「黒人」としてのみ注目される形で議論されてきました。そのためそこにある歴史性や土地性、植民地主義の問題を切断して語る主流フェミニズムに対して、その帝国主義的視線が問題視されてきたわけです。それらを批判するため、インターセクショナルな差別を押しつけられる現実と闘う、カリブのアフロ系女性が女性としての経験を語ることができる新たな思想運動の名称として、フェミニズムではなく「ウーマニズム」という用語を採用することがカリブ地域では起こっています［中村二〇二三：二四八－二五三頁］。同時に、クレオールと呼ばれる人種的・文化的混血が、白人奴隷主によるアフロ系女性への性暴力とともに始まったことが透明化され、男性のみが主体的に文化を創り出せるとされる中、受動的な他者とされる女性の解放がさまざまな言語を横断する形で立ち上がってきています［中村二〇二三：二五八－二七三頁］。【↓コラム⑥】

また、先住民の「共同体フェミニズム」というものがあります。ヨーロッパから持ち込まれた「家父長制」、つまり男性が「家庭」を通じて女性や子どもを支配する権力を制度化したものが、先住民の生き方にも影響を及ぼしているわけですが、先住民には先住民の家父長制があり、先住民はその二重の家父長制の虜であるという状況を生きさせられています。民族として差別されながら、さらに女性として差別される状況、まさにインターセクショナリティですが、この二重の差別によって、社会運動の中でも女性が抑圧され、声をあげることができない中で、次第に先住民女性による新たなフェミニズム運動が各地で立ち上がってきました。先住民共同体を刷新していくことを目指すこの活動は、同時に欧米の主流フェミニストたちが「教えてくれる」西洋中心主義な「正しい」フェミニズム自体を植民地主義的であると切って捨てながら、下からの、彼女ら自身の内側の問題と向かい合う中で見出されたフェミニズムを構築し、それを連帯へと広げていくことを目指して時に離合集散しながら模索しています。［ガーゴ二〇二二、廣瀬二〇二二］【→第二章、第四章、コラム⑨⑩⑪】

さらに、境界を生きる人びとが時に越境した「異郷」で生きる中で直面する問題から生まれてくるフェミニズムがあります。そのもっとも重要なものは、メキシコ系アメリカ人、いわゆるチカーナたち(チカーノの女性形)が主導するチカーナ・フェミニズムであり、その核となる思想を牽引していたのがレズビアンであると宣言している詩人グロリア・アンサルドゥーアだといえるでしょう。彼女の描き出す二言語（とその混淆）、二文化（そして多文化）、そして性別二元論に引き裂かれながら生きるボーダーからの問いかけは、世界を二項対立的に眼差し分類、分断する規範自体にNOを突きつけながら、重層性や複数性のゆらぐ地点から自らの言葉を紡いでいくことの重要性を明らかにしてきました。［例えば吉原二〇〇〇、棚瀬二〇二四］【→第一章、コラム⑫】

またラテンアメリカは同時に「クィア」、いわゆる性的マイノリティに対する差別と暴力が非常に強い地域でもあります。

ホモフォビア、要するに同性愛であることがバレたことによって、リンチに遭って殺されてしまう。こういう事件がまだまだリアルに起こっている地域でもあります。それと同時に、そうしたことを乗り越えて、あるがままの自分を認め合う、そういう在り方をきちんと考えて受け止め、多様な性を自然なものとできるような社会を作っていこうという運動も各地にあり、確実に成果を上げてきている側面もあります。【→第一章、コラム⑥⑦⑫】

さらに言語面でも、男性女性を区別するスペイン語自体の表現を、男性形の語尾「o」と女性形の語尾「a」の性別二元論ではなく、「x」で表記する方法（例:nosotrxs）や「e」で表記する方法（例:todes）などを試みるなど、様々な試みが運動の内外で行われていることも注目に値します［糸魚川二〇二二］。その意味では、過激な反発はあれども、きちんと問題を隠すことなく、試行錯誤しながら闘うことで勝ち取っていくことが可能な社会として人々が行動できる余地が、まだ日本よりはあるのかもしれません。

3. 日本から考える

では日本はどうでしょうか。日本では、女性差別に関わるさまざまな問題は、透明化されて問題として認識することが非常に難しい構造になっています。ジェンダーギャップ指数が一二〇位前後という非常に差別的な社会であるということを学生さんとお話ししても、自分自身がその中で生きているという実感がない、という人も多いです。では、差別経験をしていないのか、というとそうではなく、様々な抑圧や暴力を日常的に受けながら、それを差別とすら認識できないぐらい、「普通の出来事」として受け入れ、あきらめて生きることを選び取らされてしまっているということであるように思います。

また、性暴力に対する警察や裁判官による社会的免罪（不処罰）であったり、女性であることが原因で殺されるという「フェミサイド」、これは女性憎悪殺人という訳が当てられますが、こうしたことが、問題として認識されにくい構造があるわけです（実はフェミサイドとフェミニサイドがあり、後者の方がより憎悪の割合が高いそうです。スペイン語ではフェミニシディオ feminicidio と後者のスペイン語化されたものの方がより多く使われる印象があります）。特にフェミサイドについては、この単語自体が日本ではほとんど知られていないわけです。

アルゼンチンではいわゆる「#MeToo」運動に先行する二〇一五年に「#NiUnaMenos（ニ・ウナ・メノス）」運動（*四）が反フェミサイド運動としてSNSからストリートへと拡大し、さらにラテンアメリカ全域へと波及していきました。なかったことにされてたまるかという怒りは、「これ以上一人も殺させない」という決意とともに女性の連帯を生み出していきました。この女性への暴力に対する社会正義実現のシンボルとしては、紫色のスカーフが使われます。

日本では、例えば二〇二一年に小田急線で起こった女性を標的とした切りつけ事件は、明らかに女性を狙ったフェミサイドだと言えるでしょう。しかしニュースなどのメディアでこういう視点からの説明をしないことで、フェミサイドという概念自体を透明化し、誰でもいいから狙ったのだと女性差別に起因する問題を別のものにすり替えてしまうわけです。

こうしたさまざまな問題とその免罪、隠蔽、透明化に対して、私たちは声を上げるのではなく、あきらめることに慣れてしまうことによってその構造が維持されてきたということはきちんと考えなければいけません。そして同時に、その中でもフラワーデモのような活動がしっかりと継続し、徐々に女性に対するそういった抑圧自体が許されないこととして、そうした行為の正当化が難しい社会へとゆっくりとではありますが進むことが出来てはいる部分もあると思います。

そして、もう一つ重要なこととして、日本人が日本でフェミニズムを考えるときに、「日本人」の女性解放しか視野に入っていないという問題があります。どういうことかと言うと、日本が植民地として未だ実効支配を続けている「北海道」――これは言うまでもなくアイヌに代表される先住民の大地だったわけです――、それに加えて沖縄という地域、こうした土地にそれ以前から生きてきた女性たちへの疎外と暴力の問題がどれだけ視野に入っているか、については真摯に考える必要があります（同時に例えば沖縄による周辺島嶼地域抑圧の歴史なども合わせて考えていく必要もあります）。

同様に、日本が植民地として併合し、強制的に連れてきてこき使った在日コリアンや、中国人の女性たちは視野に入っているのか。九〇年の入管法改正でデカセギを募った日系ラティーノたちはどうか。日本各地に乱立したフィリピンパブで働かされていた女性たちはどうか。東南アジアへの買春ツアーに代表される日本男性の行動の結果現地で生まれた子どもたちとその母親に対して私たちはその責任をどう考え連帯していくことを考えていくべきなのか（筆者の祖父はGHQであった米軍兵士であり、実は既婚者であった。彼は恋人（祖母）の妊娠を知ると基地に引きこもって帰国し、祖母は極貧のなか一人で父を育てることを余儀なくされました）。そして現在の奴隷と言われる技能実習生の女性は果たして日本のフェミニズムの視野に入っているのでしょうか。

こうしたマイノリティを無視した視点は、日本社会が歴史的に抱えてきた過去の問題をなかったこととし、無自覚に抑圧を継続しているからこそ、今なお社会において見えない問題にされているのだということを、自分自身の問題として真剣に考える必要があります。

4. さいごに

フェミニズムは、「女性」の解放運動として始まり、広く運動を展開していく中で、歴史の中で同じように抑圧され疎外されている存在と共闘し共に生きる道を探ってきました。ニ・ウナ・メノス運動やチリのアート・アクティヴィズム運動の旗手ラステシスの実践【↓第三章】に代表されるように、ラテンアメリカのフェミニズム運動の多くはクィア（性的マイノリティ）の人びとに対して意識して開かれていることも重要な点です。

そもそも性別とは、自明で固定的なものとして語りうるものではなく、性を担わされた身体的特徴すらグラデーションの中にあり、また変化するものでもあり、かならずしも明確な位置づけができるものとは限らないものです。そして私たちは、意識するかどうかに関わらずクィア的なあやふやな側面を誰しも内面にもっている存在でもあるといえるでしょう。そのような割り振られた「性別」および「ジェンダー」を当然の枠組みとし、無理矢理そこに押し込められて生きることを受け入れるのではなく、ただひとりの人間としてあるがままのあいまいな存在として自らを生きていきたいと思うことをきちんと見つめ、そうした思いをゆるさない社会と人びとの意識の在り方を更新していく必要があるのではないでしょうか。

同時に、家父長制が男性自身をホモソーシャルな規範で縛り、競争や体面を保つことを至上の価値とするシステムへと駆り立てることを考えると、性によって割り振られた役割と規範そのものを解体することは、ホモソーシャルな連帯から男性それ自体をも解放することにつながる点で重要であるといえます（ホモソーシャルとは、女性と同性愛者〈＊五〉を排除することで成立する男性同士の排他的で秘された同盟と言い換えられると思います）。

この本では、フェミニズムを中心に扱うため、その運動の主体として「女性」という表現を使うことが多いです。しかしそれはさまざまな性の有り方を分断・排除することを企図してはいません。フェミニズム内部でも、人種や階層、セクシュアリティに対するインターセクショナルな視点の欠如が指摘されてきたところです。だからこそ竹村和子の、フェミニズムとは女性を抑圧の暴力から解放することを意図しながら、現在女性と位置づけられている者以外にも開いていくこと［竹村二〇二四：ⅷ頁］であるとの指摘の重要性は今なおその意義を失っておらず、その流れの中で道を描いていく必要があるのではないでしょうか。

こうした日本が抱えるさまざまな問題も踏まえてアビヤ・ヤラ（ラテンアメリカ）の多様な実践を見ていくことは、日本の状況を知り、考える上で非常に重要な参照点となるでしょうし、同じ時代を生きる者同士、連帯し、ともに頭を寄せあって考え、学びあい、一緒に声を上げていく、そういうことも可能になるのではないか、とも思うわけです。

またこの社会の歪な構造を考えるときに、私たちは他者を支配する三つの構造と闘っていく必要があるのではないかと思います。それが「植民地主義」「新自由主義によって特化された資本主義」そして「家父長制」です。これらが一体となって権力構造をつくり、人を分類し、序列化し、分断して暴力的に搾取していくシステムになっているのではないでしょうか。そして個人はかなり意識的に抗わないかぎり、容易にそういったシステムの歯車にされてしまうのです。そういうことについてもぜひ考え、なにがしか行動するきっかけとなれば嬉しいと思います。

こうした問題は、遠く日本の裏側で起こっている別の世界の切り離された物語などではなく、私たちのすぐとなりで、実は私たちと似たような状況を、異なる歴史と文化を背景としながら生起しており、それを見ないことにせず、向かい合い、声を上げて変えてきたものなのだということが見えてくれば、私たちの生きる日本の絶望的な状況の中でも、一歩ずつ、草の根から、さまざまなルートで行動と連帯を広げていきながら社会を変えていくための道を作っていける、そんな未来図を思い描くことが可能になりますし、そのための一歩へのハードルもさがるのではないか、とも思います。どうかこの本を通じて、そういった気づきと行動へのエンパワメントが広がっていくことを祈っております。

※シンポジウムで発表した内容を書籍掲載のために加筆する中で、中林基子さん、壺さん、石橋純さん、冨田晃さん、藤井健太朗さん、坂田智子さんより貴重なコメントをいただきました。感謝申し上げます。

＊一　すでに「アステカ帝国」や「インカ帝国」が通称となっているのに、なぜわざわざ当時の名称とされる「エシュカン・トラトロヤン」や「タワンティンスユ」と記載するのか、ということについては、「他称」は時に当人の名前を奪う行為でもあるという政治性を考慮する必要があると考えているからです。ただし、例えば「インカ」はもはや先住民にとってもかつてのタワンティンスユ及びその文化伝統を示すものとして使われているので、引き続き議論の中で考えていく必要があると考えます。

＊二　二〇一〇年まではクナと呼称。

＊三　アビヤ・ヤラにはグナ語で「成熟した大地」といった意味があるとされ、ボリビアの先住民リーダーによって提唱されました。二〇〇〇年より二〇〇九年までメキシコ、エクアドル、グァテマラなど各国でアビヤ・ヤラ先住民大陸サミット（Cumbre Continental de los Pueblos y Nacionalidades Indígenas de Abya Yala）が開催されました。

＊四　「これ以上一人も失わない」を意味するニ・ウナ・メノス運動は、SNSのハッシュタグからストリートの運動へと展開したため、#NiUnaMenos と Ni Una Menos の両者の表記が混在しています。本書でもそれぞれの執筆者の判断で使い分けています。

＊五　実際には「同性愛者」だけでなく、アロマンティック／アセクシャル（他者への恋愛感情や性的欲求を抱かない人）やトランスジェンダーなどを含むさまざまな家父長制規範から外れた人が排除の対象となります。

コラム①

女性解放とアナキズム

海老原弘子

社会主義思想としてのアナキズムは、一八六四年にイギリスで設立された世界最初の国際的な労働者組織「インターナショナル」への参加の呼びかけとともに、ヨーロッパからラテンアメリカへ広がりました。「第一インターナショナル」といえば創立宣言や規約を作成したドイツの経済学者カール・マルクスが有名ですが、実は「万国の労働者の連帯によって資本家の搾取に対抗する」ことを最初に試みたのは、フランスで社会主義運動に携わっていた女性でした。

それはフローラ・トリスタンです。彼女は資産家の父親を早くに亡くし、十代半ばから彩色工として働きました。暴力的な夫と貧困から逃げ出すために、遺産の相続権を求めて亡父の故郷ペルーに向かうと、そこで植民地解放運動を目の当たりにするとともに、フランスよりもずっと自由に生きる女性の姿に衝撃を受けたといいます。帰国後に執筆活動を開始して作家として注目を浴びると、マルクス&エンゲルスの『共産党宣言』（一八四八）より早い一八四三年に寄付を募って自費出版した『労働者の団結（*Union Ouvrière*）』を手に、各地を周りながら労働者に連帯と団結を呼びかけました。この小冊子で労働者階級に対する搾取構造に性差別が組み込まれていると指摘して女性解放の必要性を訴えています。

第一インターナショナルのなかには直接的な「女性解放」の主張はありませんでしたが、マルクスのライバルであったロシアのアナキスト、ミハイル・バクーニンは女性差別の問題に関心を抱いていました。イタリア南部の都市ナポリに滞在中に書いた草案の中で「女性はその本性からして男性と異なるとはいえ、いかなる点でも男性にひけをとるものではなく、男性と同様に労働を愛し自由であるから、すべての政治的・社会的権利においても、また、政治的・社会的任務、義務においても男性と対等である」と書いているのです。

バクーニンが一八六五年から約二年間に渡ってナポリに滞在したことで、イタリアに第一インターの地域セクションが誕生します。次に、そのメンバーのジョゼップ・ファネリが訪れたマドリードとバルセロナでスペイン地域セクションが誕生。さらに、そのメンバーのアンセルモ・ロレンソ Anselmo Lorenzo らがリスボンに亡命すると、ポルトガル地域セクションが誕生するのです。こうして南欧の労働者の間にバクーニンのアナキズムの影響を受けたインターナショナルの思想が広がっていきました。スペインでは一八七二年の大会で「男女平等」という方針を承認するに至ります。

ところが、一八七一年にフランスでパリ・コミューンと呼ばれる革命が勃発します。これが失敗に終わると、ヨーロッパ各国で第一インターナショナルの組織に対する国家からの弾圧が始まりました。スペインの地域セクションも非合法組織とされて解散となりますが、そのメンバーのなかからは海の向こうに新天地を求めて、インターナショナルの労働運動を継続しようと考える人が出てきました。スペインのアナキストにとって、スペイン語が公用語のラテンアメリカの国々は言語の問題がなく、さらに移民受入れに積極な政策を取っていたことも好都合でした。

こうして海を渡った人々とともにインターナショナルの思想がラテンアメリカに渡り、各地で地域セクションの設立が試みられることになります。そのなかで労働運動が最も盛んになったのがアルゼンチンでした。そして、一八九六年にロサリオ市でビルヒニア・ボルテンVirgenia Boltenらが「ニ・ディオス、ニ・パトロン、ニ・マリード（神も雇用主も夫もいらない／Ni Dios, ni patrón ni marido）」を掲げて『ラ・ボス・デ・ラ・ムヘール（女性の声／*La voz de la mujer*）』紙を創刊します。ついにスペイン語圏のアナキズム史上初めて「女性の手による女性のための新聞」が発行となったのです。

このロサリオ市は、近年のラテンアメリカのフェミニズムにおける最大のニュースのひとつ二〇二一年のアルゼンチンの中絶合法化で重要な役割を果たしました。この地の女性が「パニュエロ・ベルデ（緑のハンカチ／Pañuelo Verde）」を掲げて始めた草の根運動が全国に広がったことが、中絶を禁じるカトリック教会が今もなお大きな影響力を持つ社会において、女性の身体の権利（リプロダクティブ・ヘルス／ライツ）を大きく前進させる原動力となったのです。私にとっては、女性解放運動が世代を超えた女性の連帯と闘争のなかにあることを再確認する出来事でした。現在の運動が過去の運動の歴史の延長線上にあると同時に、現在の運動が未来の運動を支える歴史を創るのです。

ブラジル現代女性文学
──「語りの場所」を広げる女性たちの歩み

江口佳子

植民地支配以降、権威主義体制が続いたブラジルでは、女性が発言・発信することに対して、社会では否定的な風潮で、女性の語る場所や機会は限られていました。ブラジル文学の規範は、男性優位で、権威者による視点で構成されてきました。このため、文学が均質でしかないことへの問題意識が生じ、物語の「語られている場所、構築されている世界」についての「語りの場所」(lugar de fala) が、ブラジル文学批評において、二〇一〇年代から問われるようになりました。ここでの「語りの場所」とは、アイデンティティを共有する特定集団で構成される空間であり、作者や語り手は誰なのか、どの場所から語るのかにより、異なる見方が生じるということを意味しています [Dalcastagnè 2012：12]。

一九四〇年代にデビューした作家のクラリッセ・リスペクトル Clarice Lispector (一九二〇－一九七七) とリジア・ファグンジス・テーリス Lygia Fagundes Telles (一九一八－二〇二二) は、語りの場所を「家」に設け、女性が置かれた従属的な位置関係を象徴的に叙述しました。一九六〇年代半ばまでの物語では、家父長的な家庭で庇護される中流階級以上の女性の内面が描かれました。リスペクトルの短篇集『家族の絆 (*Laços de Família*)』(一九六〇) に収められている「愛 (Amor)」の女性主人公は、外出先で盲目の物乞いの姿を見て動揺します。自らが背を向けている社会の現実に目を向ける必要性を認めつつも、夫の待つ家に帰宅し、これまでの日常生活に戻るという物語です。小説『G・Hの受難 (*A Paixão Segundo G.H.*)』(一九六四) では、女性主人公が解雇した家政婦の部屋で、一組の裸の男女と一匹の犬の絵が壁に描かれているのを見つけ、それは元家政婦が自分へ向けたメッセージと受け止めます。異なる社会階層の女性から見た自分の存在について考えこみます。

一九六〇年代後半には、欧米の第二波フェミニズムがブラジル社会にも浸透し、それまでの伝統的な女性像の中流階級以上の女性から、社会階層の異なる女性の差異が注目されるようになります。女性像を一つとせず、人種、階級、出身地域、セクシュアリティなどが交差した、多様で、複雑で、不均質な態様が表現されます。テーリスの『三人の女たち (*As Meninas*)』(一九七三) は、典型的な家父長制家族を出自とする女性、親族の結束が固い北東部の大家族の中で成長した女性、実父を知らず、売春婦の母親に育てられた女性の物語です。軍事政権下における、性の解放や消費社会などの社会情勢の変化が主人公の三人を翻弄します。

一九八〇年代には、それまでの帰属先から移動する女性が描かれるようになります。マリレーニ・フェリント Marilene Felinto（一九五七―）の『チジュコパーポの女たち（*As Mulheres de Tijucopapo*）』（一九八二）は、その先駆的な作品です。フェリントはブラジル文学界における数少ないアフリカ系の作家でもあります。物語では、経済的な理由で北東部の地方から大都会のサンパウロへ移住した女性主人公が、母親の暮らす故郷に戻る道中で、地元の女性たちが、男性から受けていた身体的・精神的な暴力を回想しながら、経済や文化の中心地サンパウロとの生活を比較します。主人公は移動を通じて得た知見を基に、社会的に弱い立場にある女性同士の理解や結束について思考しています。

一九九〇年代からは、社会のグローバル化を背景に、女性たちの「語りの場所」も国境を越えるようになります。アドリアーナ・リズボア Adriana Lisboa（一九七〇―）の『烏羽《からすば》色（*Azul-corvo*）』（二〇一〇）では、若い女性主人公が、母親の死をきっかけに、リオデジャネイロから、米国人の父親を捜しに米国へ渡ります。見知らぬ土地で、母の元恋人やエルサルバドル人の少年を知り、新たな人間関係を築くものの、様々な国や地域の文化や言語が交錯し、主人公のアイデンティティは揺らぎ続けます。

マリア・ヴァレリア・ヘゼンジ Maria Valéria Rezende（一九四二―）の『遠く離れた他の場所（*Outros Cantos*）』（二〇一六）では、作者が関わっていた公教育の経験がフィクション化されています。物語の語りの場所は、女性主人公が北東部の寒村で講演をするために移動している長距離バスの中です。半乾燥地域の厳しい風景を眺めながら、貧困層の識字教育プロジェクトのために生活した四〇年前のことや、政治亡命先のアルジェリア、フランス、メキシコでの出来事を回想します。当時、繊維産業に従事する村人たちは低賃金で働き、搾取されていました。主人公は村人を啓発しようとするものの、社会活動家に対する軍事政権の追及から逃れるために村を離れます。

こうして、女性の「語りの場所」は、家から国境を越え、トランスナショナルな社会空間へ拡がってゆきました。女性作家は、社会の象徴的な空間を、ダイナミックな場所として認識しています。また、ここに挙げた一九六四年以降の全ての作品は、ブラジル軍事政権下の出来事や記憶と結びついており、女性による歴史認識の再構築の試みにもなっています。女性が描く想像の物語は、ジェンダーの複眼的な視座で現実世界を描いているのです。

コラム③

ペルーの紙幣と女性たち——ジェンダーとインターセクショナリティ

細谷広美

イギリスのマーチャント・マシン社の分析によると、世界の主要な法定通貨の紙幣のうち、八八%は男性の肖像が描かれているそうです。日本では明治時代に神功皇后の肖像画が紙幣に採用されて以降、二〇〇四年に樋口一葉の肖像画が五千円札に採用されるまで女性の肖像画が紙幣に使用されることはなく、二〇二四年発行の新紙幣に採用された津田梅子は三人目です。

ペルーでは近年ジェンダーバランスが意識され、二〇二一〜三年に発行された新紙幣に複数の女性の肖像画が用いられています。通貨単位は、スペイン語で「太陽」を表す「sol（ソル）」で、これはインカ帝国の国家宗教が太陽信仰であったことに由来します。一〇ソーレス（ソルの複数形）紙幣には、クリオーリョ音楽を代表する作詞、作曲家兼、歌手のチャブーカ・グランダ（一九二〇−一九八三）の肖像画が用いられています。クリオーリョ音楽は、元来リマの庶民や黒人の間で育まれてきました。しかし、裕福な白人女性のチャブーカが、階級を越えてクリオーリョ音楽を広めたことは、クリオーリョ音楽の地位を引き上げることになりました。アフロ・ペルー（黒人）系の洗濯女ビクトリア・アングロに捧げた曲「ラ・フロール・デ・ラ・カネーラ」（シナモンの花）は、今ではペルー第二の国歌のような位置づけにあります。また、クリオーリョ音楽の国際的知名度も高まっており、その音楽家たちがラテン・グラミー賞を受賞しています。

五〇ソーレス紙幣には、マリア・ロストウォロフスキ・デ・ディエス・カンセコ（一九一五−二〇一六）の肖像画が描かれています。ロストウォロフスキは、ポーランド貴族を父とし、リマのバランコ地区で生まれました。インカから植民地時代を研究した歴史学者として、国立歴史博物館館長を務めたほか、ペルー研究所の創設者の一人でもあります。日本語でも『インカ国家の形成と崩壊』（二〇〇三）、『征服者ピサロの娘ドーニャ・フランシスカ・ピサロの生涯：一五三四−一五九八』（二〇〇八）などが翻訳出版されています。後者は、男性中心的な歴史学研究にジェンダー視点を持ち込み、スペイン人の征服者フランシスコ・ピサロを父に、インカ帝国の王女を母としたメスティーソ（サ）の女性を扱っています。

二〇〇ソーレス紙幣にはティルサ・ツチヤ（一九二八―一九八四）の肖像画が用いられています。ツチヤは米国留学を経てペルーに移住した日本人医師の土屋芳五郎と、中国系のペルー人を母とするシュールレアリスムのアーティストです。国内で美術を学んだ後パリに留学し、先住民文化にインスピレーションを得るとともに、複数文化を融合した、一目でそれとわかる印象深い独自の神話的世界を築き上げています。ちなみに、二〇二二年のヴェネチア・ビエンナーレ国際美術展のテーマは、イギリス出身でメキシコで活躍したシュールレアリスムの画家レオノーラ・キャリントンの著書からとられた「The Milk of Dreams」で、キューバの黒人女性アーティストのベルキス・アヨンを含む、ラテンアメリカの女性アーティストたちの作品が紹介されました。近年はアートの世界でも、ジェンダーや人種的多様性を視野に入れる意識が高まり、ラテンアメリカの女性芸術家たちにも関心が向けられています。ツチヤも国内には依然として日系人への人種的差別があるなか、作品価格は一億円を大きく超え、ジェンダーやアイデンティティをテーマとする画家として、国際的評価は高まる一方です。

ところで、筆者はロストウォロフスキ先生が来日された際に、都内を案内したことがあります。ホテルに迎えに伺うと先生は美容室から出て来られて、生まれてから一度も自分の手で髪を洗ったことがないと告げました。その言葉に驚き、寡頭政治（オリガルキア）が続いたリマの白人の貴族的エリート世界を垣間見たかのように感じました。が同時に、七〇歳を超えてから精力的に多くの書籍を出版されていた先生に理由を伺ったところ、家族への義務がなくなったから、という答えが返ってきました。

インターセクショナリティという概念がありますが、ラテンアメリカのジェンダーは、横断性を伴いつつも、往々にしてジェンダーの境界よりも、人種や階級の境界の方が強度が強い傾向があります。グローバル化の進展で変化しつつあるとはいえ、中産階級以上の女性や、専門職に従事する女性は、家事労働者を雇用し掃除、洗濯、買物、料理、シッターなどの仕事を依頼することが少なくありません。人種と密接に結びついた経済格差や、職種による極端な賃金格差がそれを可能にしています。階級が下の男性や女性が、上位階級の女性の社会進出を支えているという構造が存在します。リマでは、先住民系の人びとを中心とする国内移民が、郊外の貧困地区から公共交通機関をいくつも乗り継いで富裕層の家に働きに行きます。富裕層が貧困地区との間に建設した悪名高い「恥の壁」（裁判を通じて一部撤去）を越えて、富裕層の家に働きに行くのも貧困地区の人びとです。

コラム④

メキシコにおける女性の政治参画

馬場香織

二〇二四年六月の大統領選挙で、クラウディア・シェインバウムがメキシコ初の女性大統領に選出され、同年十月に就任しました。得票第二位の野党候補も女性で、メキシコにおける女性の政治参画の進展を印象づける選挙となりました。また、同年九月に開会した第六十六期メキシコ連邦議会は、上下両院ともに男女同数（パリテ）議会です。列国議会同盟（IPU）による下院を基準としたランキングでメキシコは第四位であり、世界的にも女性議員の割合が高い国として知られるようになりました。

しかし、一九九〇年代半ば時点のメキシコの女性議員の割合は下院で一四・二%、上院で一二・五%と決して高いわけではありませんでした。歴史的にマチスモ文化の強いメキシコで、なぜ、どのように女性の政治参画が進んだのでしょうか。

女性議員の増加をもたらした直接の要因は、政党候補者の一定割合を女性ないし男性に割り当てるジェンダー・クオータ制およびパリテ制の導入です。二〇〇二年に法的拘束力のあるクオータ制が導入されたことで、下院では女性議員割合が初めて二〇%を超え、その後はクオータ割合の引き上げと制度の実効性の強化により、段階的に女性議員が増えていきました。二〇一四年には憲法改正が行われ、連邦議会議員選挙と州議会議員選挙について、政党の候補者を男女同数（パリテ）とすることが義務づけられました。その効果は目覚ましく、二〇一八年の上下両院選でいずれの議会でもほぼ男女同数（女性議員は下院で四八・二%、上院で四九・二%）が実現しました。さらに二〇一九年には、立法府だけでなく司法府、執政府を含む国家のあらゆる制度にパリテ原則を適用する「すべてにパリテ」改革が、憲法改正によって実施されました。二〇二四年現在、ノルマ・ピーニャ最高裁判所長官やビクトリア・ロドリゲス中央銀行総裁など、国家の要職を女性が務めています。

クオータ制の導入が可能となった要因として、第一に、一九九〇年代の国際環境を指摘できます。一九九一年にアルゼンチンで世界初の法的候補者クオータ制が導入されたことは、同じラテンアメリカ域内のメキシコの女性議員や活動家にも影響を与えました。また、一九九五年の世界女性会議（北京会議）とその行動綱領は、女性の政治参画に国際的正統性を与え、具体的な達成目標を示した点で重要でした。

第二に、国内の政治環境の変化があげられます。メキシコは半世紀以上にわたる制度的革命党（ＰＲＩ）による事実上の一党支配から二〇〇〇年に民主化しますが、一九九〇年代半ば以降、与野党間の交渉によって選挙制度が民主的なものに整えられていくなかで、女性をはじめ、これまで政治から排除されていた人々の政治参画が正統性を獲得していきました。さらに、政党間競争の活発化とメディアの自由化により、男性議員による女性蔑視やクオータに否定的な言動が選挙に不利と認識されるようになります。クオータに反対していた右派の男性議員も、最終的には実利的理由からクオータを受け入れました。

第三に、もっとも重要な点ですが、女性議員たちの党派横断的協力と市民社会との連携があげられます。一九九〇年代半ば以降、女性議員たちは党派横断的にクオータの法制化に向けたネットワークを形成し、各党の男性幹部への説得を粘り強く続けました。また、二〇〇九年のファニータス事件（当選した女性下院議員十六人が辞職し、補充候補者の男性と交代した出来事）後には、市民社会との連携のもと連邦司法選挙裁判所への訴訟などを通して、パリテ改革への道を開きました。

女性議員といっても政策志向や立場はさまざまですが、女性の健康やジェンダー平等などにかかわる「女性関連法案」を、女性議員が議会内で活発に提出・推進していることが明らかになっています［馬場：リヴィ二〇二四］。また、上述の「すべてにパリテ」改革の際には、上院に提出された関連法案に上院の女性議員全員が署名し、連帯を示しました。このほか、政治的ジェンダー暴力防止のための一連の法整備（二〇二〇年施行）においても、党派横断的な女性議員の協力がみられました。女性議員が増えたことで、政策的な変化が生まれていることが確認できます。

他方で、数の上でのパリテが必ずしも意思決定における「質的パリテ」を意味しない状況もあります。例えば、議会で法案審議の決定に強い権限をもつ政策調整評議会の構成員は、下院の前会期では全員が男性でした。意思決定への実質的参画には課題が残っているといえますが、パリテ原則が憲法によって保障され、国家のあらゆるレベルで男女同数の光景が広がることのインパクトは小さくないはずです。今後、政治の変化が社会のあり方に与える中長期的な効果に注目していきたいところです。

第一章

ラテンアメリカ文学、フェミニズム、そしてマチスモ

洲崎圭子

1. はじめに

「昔むかしあるところに、人間がいました」という物語は、ありません。ふつうは、「昔むかしあるところに、おじいさんとおばあさんがいました」と、各々の人間の性別が設定されています。おじいさんとおばあさんは山の中で赤ん坊をみつけ、赤ん坊は妙齢になると昇天します。結婚相手をあてがい引き留めようと苦悩するけれど別れはやってきて二人は悲しむ。時代や場所が変わっても、人間が生まれて年を取って死んでいく、その間、喜怒哀楽や波乱万丈といったものが、各々の人生にもれなくついてきます。おばあさんが子供を産むことはありません。年を取った女性は出産しないということが物語には書き込まれています。こうした書かれた言葉というものをとおしてわたしたちは、「わたしたちの現実を、今あるように、今あるべきように把握し、そして、そのように把握するわたしたちという存在を立ち上げていく」〔竹村二〇〇四：五頁〕と竹村和子は述べています。ゆえに物語とは、決して現実から遊離した絵空事ではなく、だからこそ文学は、「男を語り女を語り、恋愛を語り家族を語る中で、多様な現実をジェンダー化する強力な装置」〔飯田一九九八：二頁〕としても機能し続けてきたといえます。

日本からすれば、ラテンアメリカは遠い別世界という印象があります。かつて植民地だった、カトリックが浸透、多様な民族が存在する格差社会、軍政や独裁制を経験した等が共通項として挙げられます。しかし、地球の反対側であっても人は生まれ、人生を生きています。では、当地の人々はどのような現実を経験しているのか。今日お

話しすることは、そのラテンアメリカの文学とフェミニズム、そしてマチスモについてです。

2.「マチスモ」は歴史は短い

生まれた時は皆、男性、女性のいずれかに割り振られます。しかし、男女という「二つのカテゴリー」に厳格に押し込めるような、西洋と同じ伝統を共有していない」［フェイ二〇二二：十二頁］〈*1〉存在がメキシコにはあります。南部オアハカ州のムシェ muxe です。ムシェは、サポテカ文化を共有する人々の間で支持されており、生物学的には男性として生まれ社会的に女性の役割をもつ人々です。スペインが米大陸に到達する以前からの存在で、カトリック教会からも容認されています。スペイン語には文法上の性別がありますが同地で広く使用されるサポテク語にはなく、男女の二項対立が言語上表現されない言語体系が保持されています［青砥二〇一九：九頁］。そうした文化に支えられムシェの人々の存在があります。

このような伝統にもかかわらず、男は男らしくあれと強制するマチスモ machismo という考え方が、メキシコをはじめとするラテンアメリカには多くみられます。スペイン語で「雄」を意味するマチョ macho から派生した語で、男性優位主義と訳されます。男性が権力を誇示し女性に隷属を強いることを正当化するため日常的に用いられ、かつステレオタイプで語られています。しかし、マリナ・カスタニェダ Marina Castañeda は、マチスモとは「個人的問題などではなく社会的問題である」［Castañeda 2007：25］〈*1〉とし、社会的に構築された考え方であると指摘しています。

男性が優越しているという考え方は、「ラテンアメリカの専売特許ではない」［ベジン、グァディーリャ一九八六：五六頁］にもかかわらず、ラテンアメリカでは古くからマチスモが存在するかのように喧伝されてきましたが、そうでないことが近年の研究〈*1〉で明らかになっています。『世界男性性大事典（*International Encyclopedia of Men and Masculinities*）』（二〇〇七）では、「性差別の同義語としてのマチスモとマチョの歴史は非常に短い」［Gutmann 2007：372］とあるほか、『思想史新辞典（*New Dictionary of the History of Ideas*）』（二〇〇五）の項目「マチスモ machismo」では、「マチョは生まれつきのものではなく、作られるもの」であり、「マチスモという言葉は、発明された概念」であるとされています。その上でこの語は、「スペイン語圏の多くの地域よりも米国で広く使用されていたという事実」が確認され、「ラテンアメリカでより広く使われるようになったのは、一九九〇年代になってからである」［González-López and Gutmann 2005：1328］と明記されています。

ディディエール・マチジョット Didier Machillot は、とりわけメキシコにおけるマチスモは、ナショナリズムと切り離しがたいと指摘しています。「愛国心と革命と民衆が、贔屓のヒーローとして仕立てあげた」［Machillot 2013：79］というものです。もともと動植物に使用されてきたマチョというタームは、「一九四〇年代までは高貴で勇気があるということと同じ意味」［Machillot 2013：12］でしたが、一九七〇年代以降に性差別的な意味合いが付された「性的「機械」（"máquina" sexual）」［Machillot 2013：12］として否定的イメージがつきまとうようになったとしています。一九四〇年代は大土地所有制度が完全に解体され、広義の意味におけるメキシコ革命が終了した時期であり、国民意識の高揚のために支持された「高貴で勇気がある」男性像は、この時代をもって終了したということです〈＊四〉。

一九四〇年代からの二十年間は、米国とメキシコの二国間協議によるブラセロ計画〈＊五〉によって、出稼ぎのメキシコ人が米国に押し寄せた時期に重なります。米国人が、急増したメキシコ人を脅威とみなしたことから、米国人と分けて「境界づける」［Machillot 2013：11］ためにマチスモ言説が必要とされたにすぎないとマチジョットはまとめています。同様に、メキシコにルーツに持つ米国詩人グロリア・アンサルドゥーア Gloria Anzaldúa も、米国内で流通しているマチスモという言葉は家族を守る強さといった尊厳が感じられず、アングロ系の人々の「発明である」［アンサルドゥーア一九九一：六七頁］として、「自分が「劣っていて、無力だと感じると、この感情をすり変えて、チカーノ（メキシコ系米国人）を侮辱する」とし、その際使用する単語がマチョであると指摘［アンサルドゥーア一九九一：六八頁］しています〈＊六〉。

マチスモとは、男性が優位に立ち女性を支配するやり方を端的に言い表した表現であるといえます。ところが、世界中に同様の状況があるにもかかわらず、ラテンアメリカ特有の現象であるとして多用されています。二〇二四年のメキシコ大統領選挙の際、日本の報道でも「メキシコはマチスモ（男性優位主義）文化が根強く残る」［軽部二〇二四a］や、「マチスモはメキシコだけでなくラテンアメリカに広がる文化」［軽部二〇二四b］とした記述がみられました。二〇二四年現在、メキシコでは、国会議員のうちに女性が占める割合は半々で、ジェンダー・ギャップ指数の順位は三十三位です。チリの二十一位、アルゼンチン、ペルー、ボリビア、コロンビアと続きます［World Economic Forum 2024：12］。日本は百十六位と三桁台で、これらの国々の足元にも及ばない状況です。今回の大統領選で女性が当選した快挙は偶然ではなく、二十年来の当地の女性たちの結束の成果であることは、日本の内閣府のHP〈＊七〉にも詳しい報告書が上がっています。

主にメキシコを中心に、マチスモと女性の社会進出状況について述べましたが、ラテンアメリカでは女性のことのみならず、いわゆるセクシャルマイノリティの人々の権利保障も目覚ましいものがあります。同性婚が可能な国は、メキシコの州レベルからはじまって以降、アルゼンチン、ブラジル、ウルグアイ、コロンビア、エクアドル、コスタリカ、チリ、キューバで可能になっています。ラテンアメリカにおいては、「ＬＧＢＴ〈＊八〉権利保障」が日本よりも先行している例が多いとして、法制度も含めた状況については畑惠子がまとめています［畑二〇一九］。

それでは、マチスモが根強いとされてきたラテンアメリカにおいて、フェミニズムの動きはどのようにかかわってきたでしょうか。

3. メキシコを例にして

冒頭で、いくつか共通項があると申し上げたとおり、ラテンアメリカは欧米とは違う文化を共有してきました。そのため、フェミニズムについては独自の動きがあったとする見方もあります。その一例は、十七世紀の植民地期メキシコの詩人ソル・フアナ・イネス・デ・ラ・クルス Sor Juana Inés de la Cruz（以下、ソル・フアナ）です。米大陸初のフェミニストであると、米国の研究者が一九二五年に高く評価［Schons 1925：302］しています。

ソル・フアナは、学問をしたいがために、きわめて戦略的に修道女になることを選んだ人でした。当時の大学は女性は入学できなかったので、男の格好をしてでも大学に行きたいと親にせがんだというエピソードがあります。スペインで出版された詩集のテーマは世俗的なもので、恋愛や男の不実、女の虚栄［旦二〇〇七：九頁］がうたわれ、意に反した修道院生活を送る自らの忸怩たる思いとともに、女性の権利を制限することに対する抗議が書きつけられています。フェミニズムという概念がなかった時代のこのソル・フアナを起点に、ラテンアメリカのフェミニズムは独自ルートを辿ったとされることもありますが、その後の目立った動きとしては、二十世紀を待つことになります。

フェミニズムは、近代に端を発する運動と思想です。欧米を中心に発展しました。ゆえに、欧米とは異なる近代化の過程をたどってきたラテンアメリカは、影響を受けつつも異なる問題意識を形成してきたといえます。地域の事情、すなわち、エスニシティや社会階層により形成された社会的不平等と取り組まざるを得なかった状況については、松久玲子が概括しています［松久一九九九］。

メキシコでは、作家ロサリオ・カステリャノス Rosario Castellanos が、欧米のフェミニズムの動きを多く紹介しました。エッセイ集『ラテン語を知る女（*Mujer que sabe latín*）』（一九七三）では、シモーヌ・ド・ボーヴォワールはもとより、ヴァージニア・ウルフ Virginia Woolf、リリアン・ヘルマン Lillian Hellman、ドリス・レッシング Doris Lessing、ベティ・フリーダン Betty Friedan といったフェミニストたちが紹介されています。カステリャノスはまた、新聞コラムを連載し、米国の状況についても何度か言及するなかで、リオ・グランデ〈*九〉の南側に住む自分たちは、北の女性たちの動きを横目で眺めているだけでいいのか［Castellanos 2006：378］と疑問を投げかけたほか、米国の女性参政権獲得五十周年にあたり、彼女たちの主張が実を結んだ結果であると絶賛［Castellanos 2006：561］しています。それにひきかえメキシコでは、女性の自己評価が低く、自己犠牲を払ってしまう状況に警告を発しています。

そして、一九七一年二月の世界女性デー記念の演説では、自己犠牲を払うだけの存在になってはいけないと直接訴えかけました。誰かの娘、誰かの妻、誰かの母として、男性である「誰か」と紐づけるのではなく、自分自身のみを同定すべきであると鼓舞したのです。演説ではまた、「私たち」と述べつつも「多種多様なありさま」［カステジャノス二〇〇二：二八二頁］がみられるとして、チアパスの高原で羊を追う女性と、スチュワーデスとして飛行機で世界中を飛び回る女性とは共通点はあるかと問い、女性間に格差があることについて指摘しています。これは、キンバリー・クレンショー Kimberlé Crenshaw がのちに提唱することとなるインターセクショナリティ〈*十〉の視点に重なるものがあります。植民地期には、スペイン人女性と先住民女性は同じ女性としてひとくくりにされず、格差が可視化されやすかった状況がありました。カステリャノスはだからこそ、「真正の（auténtico）」フェミニズムを構築すべきである［カステジャノス二〇〇二：二八一頁］と説きましたが、その内実を定義することなく、この演説から三年後に急逝したことが惜しまれます。

4. 「女性」とは何か

フェミニズムとは一般的に、女性が権利を主張することであると考えられています。では、「女性」とは何でしょうか。ジュディス・バトラーは、誰が女性であるのかということについて以下のように述べています。

フェミニズムとは、単に女性の平等と自由や法的・政治的な正義を獲得するために戦う行動やその理論、というだけではないのです。フェミニズムは、女性とはなんなのか、誰が女性であるとされるのか、そのカテゴリーがどのように作られてきたのか、誰がそこに含まれ、誰が排除されてきたのかを示すものでもあります。

［バトラー二〇二二：九七頁］

バトラーは、女性というカテゴリーは時代とともに変化してきたと述べ、「トランス女性」と自認する人、「女性」と自認する人の「どちらの人たちも、現代的な、あるいは歴史的に形成されてきた「女性とは何か」という認識の一部となるべき存在」［バトラー二〇二二：九七頁］であると明言します。「女性」の内実は、時代を経てそのときどきに「作られてきたもの」であるということです。ゆえに、「女性」とは何を指すのかという問いは、例えば、障がい者とは何か、外国人とは誰かといったように、ある集団をカテゴリー化し作りだそうとする際に、誰を包摂／排除するのかという問いに敷衍することが可能です。フェミニズムが、男女を二分することのみを問題にする思想ではないことについては、上野千鶴子が「フェミニズムは、弱者が弱者のままで尊重されることを求める思想」［上野二〇一九］であると述べたことからもわかります。女性であっても常に弱者に位置するのではなく、例えば赤ん坊を前にすれば権力者になりうることを上野は指摘し、フェミニズムとは「ちがっていても差別されない権利を求める思想と実践」［上野二〇二二：一一六頁］であると言明しています。「女性」とは誰かと問いかけることで、力関係の上位に位置するものが、ある人々をひとくくりにして下位に押しやり周縁化する仕組みが認識されたことは、フェミニズムのもたらした効用の一つであるといえます〈＊十二〉。

5. 本当に怖いもの

フェミニズムの実践をはじめとして、現実社会が書き込まれているのが文学です。ここでは、現代の女性作家を中心に紹介します。アルゼンチンで、ホラー・プリンセスと異名をとるマリアーナ・エンリケス Mariana Enriquez が、「アルゼンチンに三カ月来てみてください。独裁政権がそこにあることがわかります」［Enriquez 2022］と述べ、当局による締め付けが続いていることを非難しています。幽霊、魔術、超常現象といった非現実的なことがらを扱うなかでエンリケスは、「独裁政権下での死者や行方不明者は、今日、新たな民間伝承となって息を吹き返して」［Enriquez 2022］いると警告し、アルゼンチンの厳しい現実を描写しています。

メキシコのフェルナンダ・メルチョール Fernanda Melchor 作『ハリケーンの季節（*Temporada de huracanes*）』（二〇一七）では、トランスジェンダーであるとされた魔女が登場し、中絶、同性愛嫌悪、虐待、薬物中毒等が扱われます。名付けられない主人公が、男性たちによって無残に殺害されてしまう凄惨な様子が語られます。

「女性が女性であることを理由に男性によって殺害されること」［牧野二〇二三：六四頁］については、フェミサイド femicide という単語が一九七〇年代に出現し、女性殺人と訳されています〈*十 II〉。メキシコでは一九九〇年代、麻薬密売が横行する米国国境付近で、若い女性や青少年が次々と殺害される事件がありました。チリのロベルト・ボラーニョ Roberto Bolaño は、小説『二六六六（*2666*）』（二〇〇四）で、さながら風景描写のように架空の町で起きたいくつもの女性殺人の現場を綴っています。

二〇二四年の米国ピュリッツァー賞を受けたメキシコの作家クリスティーナ・リベラ・ガルサ Cristina Rivera Garza は、受賞作のノンフィクション『リリアナの不屈の夏（*El invencible verano de Liliana*）』（二〇二一）で、三十年前、二十歳で元の恋人に殺された実妹リリアナの事件の真相を突き止めようとメキシコを訪れたいきさつを綴っています。友人らが、犯人の居場所を知っているにもかかわらず沈黙していたことを知った著者は、加害者をかくまい、犠牲になった人々を黙らせる文化としてのマチスモの根深さに直面したと語っています［Perlmutter 2024］。母語であるスペイン語では書きづらいので、最初は英語で書いたと述べていることが印象的です。

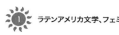

アルゼンチンの作家セルバ・アルマーダ Selva Almada は、ノンフィクション『死んだ少女たち（*Chicas muertas*）』（二〇一四）で、三人の少女たちの殺人事件を語っています。リベラ・ガルサもアルマーダも小説を書く人ですが、フェミサイドについてはノンフィクションで取り上げたという一致があります。

6．多様性に富むラテンアメリカの文学

主にラテンアメリカ女性をとりまく現実に根差した作品をいくつかご紹介しました。最後に、セクシャルマイノリティに関連した作品をご紹介します。

同地域で同性婚が可能になったのは今世紀になって以降ですが、同性愛を扱った作品としては、一八九五年のブラジルで、元奴隷が少年兵に恋に落ちるアドルフォ・カミーニャ Adolfo Caminha の小説『生粋のクリオーロ（*Bom Crioulo*）』が出版されています。キューバの作家レイナルド・アレナスは、革命後、米国に亡命しました。同性愛者としての自伝『夜になるまえに（*Antes que anochezca*）』（一九九二）は没後出版です。アルゼンチンでは、同性愛／異性愛の二項対立の融合〔洲崎二〇二四：五〇九頁〕に成功した小説『蜘蛛女のキス（*El beso de la mujer araña*）』（一九七六）の作者マヌエル・プイグが、国外脱出を余儀なくされました。同年に上梓されたレイナ・ロフェ Reina Roffé の『ビーナスの丘（*Monte de Venus*）』では、女子高校生のレズビアン体験が綴られますが、出版直後に発禁処分を受けています。ラテンアメリカ文学のブームの時代の作品にも、同性愛者はたびたび登場しますが、メキシコのカルロス・フエンテスの短編「海蛇のように（A la víbora de la mar）」（一九六四）で独身女性をだますゲイの結婚詐欺師が扱われたように、主要人物として綴られることもありました。

今世紀になって以降、マリオ・バルガス・リョサは、アマゾンとアフリカにおける先住民虐待と収奪を扱った小説『ケルト人の夢（*El sueño del celta*）』（二〇一〇）で、同性愛者のイギリスの外交官の悲哀に寄り添っています。アルゼン

チンでトランスジェンダー女優としても活躍するカミラ・ソサ・ビジャーダ Camila Sosa Villada は自伝的な小説を多く発表し、二〇二四年、著者主演で、自作品をもとにした映画が公開されました。チリでは二〇二三年、ダニエラ・カトリレオ Daniela Catrileo の小説『チルコ（*Chilco*）』が出版されました。ペルーの先住民であるケチュアにルーツを持つチリの女性が語り手です。チリの先住民マプーチェに出自を持つ女性と恋に落ちるという物語で、先住民言語が多用されています。ペルー人、チリ人、ケチュアの人、マプーチェの人、同性愛者、さらにはハイチからの難民等々、国境や性といった近代社会が構築した境目を軽々と飛び越えて物語はすすみます。民族、ジェンダーといった複数の視点が交差する作品であり、こうした文学作品が生み出される土壌を保持しているのがラテンアメリカ地域であるといえます。

※執筆にあたり、駒井睦子さんと南映子さんから貴重なアドバイスを多くいただきました。感謝申し上げます。

質疑応答

水口良樹（コメンテーター）　ご発表、非常に勉強になりました。すごい圧倒されたと言いますか。今日の発表、さまざまな境界を横断、越境しながら社会がつながったり、また切断されたりする中での人びとの営みというものが文学の中でどういう形で描かれうるのか、そういった可能性を改めて感じることが出来ました。それから後半はフェミサイドの問題に入っていきましたけれども、この問題について、作家がフィクションではなくて、敢えてノンフィクションで書くということは、洲崎さんも言っておられたように非常に重要なポイントなのだろうなと感じました。作家であるから当然フィクションで書くということが問題なく出来るはずであるにもかかわらず、ノンフィクションというスタイルを取らなければならないということは、それだけその問題の深刻性を重大なものとして、もうフィクションとしてフィルターを通して語っている場合ではないと感じているのではないのかということを感じました。

また同時に、私はホラーが非常に苦手なんですけれども、独裁社会のメタファー、比喩としてのホラーの持つリアリティというものが非常に伝わってきて、納得がいくなぁと。軍による強制失踪の時代が終わった後も、女性にとってはフェミサイドが終わっていないという意味でも、リアルなホラーとしての独裁政治が続いているということなのかなと思って聴かせていただきました。

それから非常に印象的だったのは、「マチスモ」というタームがアメリカ合衆国でチカーノを周縁化するために使われているんだということが非常に衝撃的で、まさに言い換えればヘイト的な目差しによってラテンアメリカの家父長制というものを、欧米がステレオタイプ的に貶めてきた部分があるという理解も可能になってしまいます。もしもそういうものだとするとすると、ラテンアメリカにおける家父長制的な社会というものはマチスモという用語が広まっていく中で、どこが実際に変化したのかということが、非常に気になるところです。フェミサイドがあり中絶が許されず、無償の家事労働に動員されるということが当然とされ、DVが常態化される、そういう自分で自分のことすら決められない状況っていうのは「マチスモ」言説の普及とともに広がったものではおそらくないと思うのです。では、マチスモという用語の普及によって何の変化があったのでしょうか。また何をもってそういう形で貶められたと考え得るのかということが一つめの疑問になります。もう一つはそう名づけた側である米国、アメリカ合衆国の方が、自らをそうではない存在としてラテンアメリカをマチスモの社会であると名指す、まなざすわけですけれども、じゃあ誰がそれを位置づけているのか。それは米国の男性社会なのか、それとも米国のフェミニストたちなのか、ということについても、もしよろしければ教えていただければと思います。

洲崎圭子　まとめていただき、ありがとうございました。今回、この発表を準備するなかで気が付いたことがありました。リベラ・ガルサもセルバ・アルマーダも、小説を普通に書いている人なのに、なぜノンフィクションで書くのか、とすごく不思議に思ったのです。書かれている内容があまりにもつらすぎる内容で、よくぞ書いた、ということがありました。だからこれから理由を突き止めていきたいと思っています。スライドであげた『二六六六』、二〇〇四年のロベルト・ボラーニョの作品は、フィクションです。小説家はフィクションを書くときにも、実際に起こった事件とか身の回りの出来事とか史実などを徹底的に調べる人が多い。そうしたできごとから引き出せる普遍的な何かをとりだして、小説作品という形にしていっていると思うのです。ですので、『二六六六』はところどころ、いわゆる実際の事件簿を読んでいるような感じがあります。少し古いのですが、一九七〇年の作品で、アルゼンチンのホルへ・ルイス・ボルヘス作の『ブロディーの報告書』という短編集があります。その中の「じゃま者」という短編で、兄と弟が仲良く暮らしているところに兄がある日突然女性を連れてきて、その女性を兄弟で共有するという話です。弟の方もぞっこんになってしまったので、兄弟仲が悪くなってしまう。じゃあどうしたかというと、兄は、自分が連れてきたその女性を殺してしまう。あっさりね。そうして兄弟の男の絆を固めるというラストシーンが、七〇年の小説だけど衝撃的でした。この作品が、フェミサイドを扱った小説の原型としてあげられることが多いのですが、おそらくボルヘスにしても、どこかで似たような事件を見聞きして小説に書いたとされています。フェミサイドは、昔からあったということです。今回ご紹介したノンフィクション二冊は、女性が書き手で、女性の側から見た見方、あまりこの点を強調したくはないのですが、視点を書いたのかなと思っています。それから、ホラーということに関しては、マリアーナ・エンリケスが書く独裁政権の恐怖と、フェミサイドの恐怖とでは、同じホラーあるいは恐怖という単語でくくっていますが、内容が全然違うのではないかとも思っているところです。

ご質問いただいたマチスモですが、この単語に関しては、メキシコ人をはじめとしたラテンアメリカの人びと自身も「いや、私たち全部マチスモに染まってるから」と言っていることは確かなんですよね。「でもしょうがないね」っていうような。申し上げたいことは、男性だけの責任じゃないということです。女性の方も共犯者なのです。女性の側も、男性とはこうあるべきだ、このように振る舞うべきだというようなことを、これは構築された考え方ということなのですが、思い込んでしまう。結果、男性がそのような行動を取ってしまう。私はさきほどのスライドの中で、お母さんが娘にだけお手伝いをさせるイラストを上げましたが、あれもその一つだと思っています。マチスモは、男性の責任でもあり女性の責任でもあるということです。これは、二つ目の質問と重なってくると思っています。男性優位主義という考え方は、メキシコ革命以前からのことで、植民地期にイベリア半島から入ってきた、あるいは八〇〇年間イスラムの支配下にあったのでイスラムの考え方が半島経由でラテンアメリカにきた、だからあんなふうで当然なのだというようなことも言われていますが、でもそこまでは遡ってはいないということが実は学術的な研究の中で明らかにされています。

一般質問　初めてのシンポジウムなのでちょっと日本語もつたないのですけど、本日は本当にありがとうございました。それで私からの質問なんですけど、「日本から考えるラテンアメリカとフェミニズム」がテーマなので、それのつながりですが、ラテンアメリカにおける日系社会、日系のコミュニティ内のフェミニズムにも興味がありまして、今まで先住民族や黒人の女性といった方々は、特にヨーロッパ系の支配者の男性の目からの差別とか、そういうものではあったんですけど、比較的新しく移民としてやってきたアジア系日系社会というのはどういった形のフェミニズムが構築されてきておりますか？　ちょっとすみません。アバウトな質問で申し訳ないんですけれど。その中から、特に私たち、今の日本社会でも取り入れられることとかがあるなら、ちょっと気になるなと思いまして。

洲崎　ブラジルに一年、メキシコには八年ほど住んだだけなのですが、なかでもブラジルの日系人社会は大きいですよね。私がサンパウロに滞在した目的の一つは、日系人、それも日系人女性がポルトガル語で書いた小説を探すことでしたが、ないんです。日本人が移民して百年を越えて、オスカル中里さんが大きな賞を受けて、ようやく日本出自ということが大々的に取り上げられるようになった、でも遅いなと思って。まだ女性がいなくて当たり前だろうなというようにも感じました。

理由は、これは私の肌感覚なんですけれども、自分の国、日本を一度出たとしたら、出た先ではどこに行っても私は日本人として見られる。滞在先で日本人として振る舞うべきであると期待される視線があります。そういう中で、長らく海外に住んでいる日本を出た人たちは、こんなざっくりしたくくりかたをすると怒られるかも知れないのですが、古き良き時代の日本をそのまま保っているという状況があるような気がします。古き良き時代、いわゆる男尊女卑の考え方のことです。現地で、日系人女性の方と話をしていても、いつのまにかお父さんが前に出てきて、あれ、お父さんに質問したんじゃないんだけど、ということが何回かありました。男尊女卑の時代のその昔、ふた昔ぐらい前の日本をそのまま向こうで温存しているというような、そういう雰囲気がありました。だからこそ、女性作家も出にくいのかなという気がしました。お応えになっているとよいのですが。

＊一　インドにはヒジュラ hijra、太平洋諸島地域にはマフー Māhū の人々の存在がある。

＊二　以下、明記のない限りスペイン語・英語からの日本語訳は筆者訳。

＊三　林和宏は二十世紀半ばから二十一世紀初頭にかけてのメキシコにおけるマチスモの語られ方の変遷を整理し、マチスモの概念は不断に交渉され続けているとまとめている［林二〇〇四］。

＊四　詳細は、洲崎二〇二二の第五章を参照。

＊五　一九四二年から二十二年間にわたり、米墨二国間政府の取り決めでなされたメキシコ人労働者の出稼ぎ移住計画のこと。延べ五百万人の正規移住者のほか、同数の不法移民が渡ったとされる［庄司一九八三］。

＊六　マチスモについては、洲崎二〇二二の第五章に詳述がある。

＊七　https://www.gender.go.jp/research/kenkyu/pdf/gaikou_research/2020/10.pdf

＊八　LGBTはレズビアン（Lesbian）、ゲイ（Gay）、バイセクシャル（Bisexual）、トランスジェンダー（Transgender）の頭文字を合わせた言葉であるが、LGBTに含まれない性的指向や性自認の人々も存在する。この言葉がセクシャルマイノリティの一部しか指さないことについては、森山二〇一七を参照。

＊九　米国から流れ出しメキシコ湾へ注ぐ川。テキサス州からの下流は、米墨間の国境となっている。

＊十　インターセクショナリティ（交差性）については、土屋二〇二四：九頁を参照。

＊十一　竹村和子は、フェミニズムを「現在女と位置づけられている者以外に開いていく」［竹村二〇二四：viii］ことが必要であるとし、「女」というカテゴリーを根本的に解体することなく、「「男」に対する抑圧も、「非異性愛者」に対する抑圧も、また性に関連して稼働している国籍や民族や職業や地域性などの抑圧も、説明できないのではないかと危惧」［同：vii］する。この点について岡野八代は、「女」というカテゴリーをめぐっては、「誰が・なにがそのテ

クストにおける他者なのかがつねに問い返されるようになった」〔岡野二〇二四：二〇〇頁〕と解説している。

＊十二 牧野雅子は、フェミサイドの定義は一様ではないと述べ、ダイアナ・ラッセルは「女性が女性であることを理由に男性によって殺害されること」とフェミサイドを定義したが「家父長制の犠牲になって女性が命を奪われること」をもフェミサイドとみなしていると述べる〔牧野二〇二三：六四頁〕。フェミサイドにあたるスペイン語（feminicidio/femicidio）は、二〇一四年にスペイン王立アカデミーの辞書に掲載された。ブラジルでは、女性殺害をフェミシーディオ（femicídio）、女性であるがゆえに夫や知人男性に殺害される被害事件をフェミニシーディオ（feminicídio）として両者を区別する〔田村・三田・拝野・渡会二〇二四：一九五頁〕。

コラム⑤

「楽土」の影
――伝統と進歩の狭間で生きるブラジル日系移民女性の現実

加藤里織

ブラジルへの日本人の移民は、一九〇八（明治四一）年の「笠戸丸」移民から始まり、戦前は約一八万九〇〇〇人、戦後には約六万八〇〇〇人にのぼる人々が「楽土」ブラジルへと渡りました（本コラムは二〇一五年十一月三〇日サンパウロ・熟年クラブ会館で開催された「コチア青年花嫁移住者のあれこれ」配布資料と参加者の聞き取りに基づく）。現在、世界に五〇〇万人いるとされる日系人の中で、その過半数を超える約二七〇万人がブラジルに暮らしており、世界最大の日系人コミュニティが形成されています（二〇二三年、外務省領事局政策課）。このブラジルにおける日系社会の形成は、家族を基本とした移民形態が主だったことから、日本の文化や伝統がそのまま持ち込まれやすい環境となっていました。

「より良い生活」を求め渡ったブラジルでは、移民はコーヒー農場などで過酷な農業労働に就いていました。このような労働を支えるためには、家族全体が重要な役割を果たしており、特に女性は家庭を守り、子どもを育て、食事を作るなどの家事全般を担っていました。新天地という移民社会の中でも、「良妻賢母」という明治時代の理想像が重視され、女性には忍耐と献身が求められていました。ブラジルへの移民は、家族移民であったため、共同体の中で日本の文化や価値観を維持することが期待され、女性がその中心的な役割を果たしてきたのです。

ジャーナリストの大宅壮一が「ブラジルの日本人間には、日本の明治大正時代が、そのまま残っている。明治大正時代がみたければブラジルに観光するがよい」と言ったとされていますが、ブラジルの日系社会には古い日本の習慣や価値観が生き残り、明治大正時代の気概や性別役割などが色濃く反映された環境が長らく続いていたのです。

このような日本移民の歴史は、従来の歴史と同様にほとんどが男性の視点から描かれ、その多くは農業労働や経済的成功に焦点を当てられたことから、女性の果たしてきた役割や困難についてはほとんど語られることがありませんでした。移民一〇〇周年を迎える二〇〇八年ごろから、これまで歴史の中に埋もれてしまっていた移民女性の語りが記録されるようになりました。歯を食いしばり苦労を耐え生きてきた移民女性や、ブラジルへ飛び込んで人生を切り開いた「花嫁移民」の語りは、その生きざまが「男性以上にたくまし」く、まさに「現代女性」であるとして、日系社会の中でその地位や役割が少しずつ見直されるようになりました。一方で、移民女性はその「内助の功」で日系社会の発展を支えてきた、「大和撫子」「良妻賢母」なのだといった古い日本の理想女性像の枠組みでとらえ続けることも止めませんでした。ブラジル日系社会の女性には、このように新しい時代の女性像と古い価値観が複雑に絡み合あった期待が求められ続けています。

私が初めてブラジルを訪れたのは二〇一四年の秋でした。その翌年には留学生として一年間サンパウロに滞在し、そこで興味深い体験をしました。留学前に、ブラジル留学経験者の先輩たちから、日系社会では日本から来る女性は「嫁」候補として看做され、時に強引なお見合いをさせられることがあるので注意が必要だと聞かされていました。当時は、そんなまさか！と笑っていましたが、実際に「そんなに簡単に日本には戻れないから、（女性に）お酒でも飲ませて既成事実さえつくってしまえばいい」と、縁談の席を設けた話を聞きました。私自身も、食事会と聞かされて訪ねた先で、お見合いのような席が用意されていることが何度かありました。あくまでも一部のこととはいえ、日本からくる女性留学生を「嫁」候補とし、その主体性を無視する行動をとる一部日系社会の有り様は、いまだに「日本の明治大正時代」のままであると言えます。

近年、ブラジル全体ではフェミニズム運動が進展する一方で、日系社会は遅れを取っているのが現状です。

二〇二五年は日伯外交関係樹立一三〇周年という節目の年です。その三年後の二〇二八年には移民一二〇周年を迎えることになります。現在のブラジル日系社会では、苦労はあったけれどブラジルに来て良かったと、その暮らしやすさが語られています。多くの日本移民にとってブラジルが「楽土」であることには間違いはないでしょう。しかし、女性にとっては依然として厳しい環境にあることも間違いありません。フェミニズムの潮流が広がる中で、日系社会では伝統的な性別役割がいまだ根強く残り、女性たちは「現代女性」としての自立した姿と「良妻賢母」「大和撫子」という古い価値観の狭間で揺れ動いています。日系社会は、今後のコミュニティ発展のためにも、女性の主体性を重んじ、多様な生き方を受け入れることが必要でしょう。ブラジルに魅了され、日本から「移民」するこれからの女性たちのためにも、日系社会が本当の意味で「楽土」になることを強く願っています。

コラム⑥

カリビアン・フェミニズムを繋ぐ「エロティック」

中村達

カリブ海地域は、様々な分野で数多くの女性パイオニアやリーダーを輩出してきました。しかしフェミニズムの文脈では、彼女たちが「カリブ海の女性」として紹介されることは稀です。たとえばジャマイカ人移民の両親を持つジューン・ジョーダン June Jordan や米領ヴァージン諸島出身のバーバラ・クリスチャン Barbara Christian たちは、「アフリカ系アメリカ人フェミニスト」というように、カリブ海という背景を脱色した形で紹介されることが多いのです。これは、オードリ・ロード Audre Lorde に特に当てはまります。彼女は詩と文学を通して人種、ジェンダー、セクシュアリティ、階級の問題に果敢に取り組んだ、第二波フェミニズムの時代における最も重要な人物のひとりとして評価を受けています。しかし、彼女がバルバドス出身の父とグレナディーン諸島カリアク島出身の母の間に生まれたカリブ海系女性であるという事実はあまり大きく取り上げられません。

ロードによる「エロティック」の擁護は、カリブ海のフェミニズムにおける大きな系譜を生み出したと言えます。一九七八年、ロードは「エロティックの効用：力としてのエロティック（Uses of the Erotic: The erotic as Power）」という論考を発表し、「女性の生命力の表明」として「エロティック」という概念を提唱しました［Lorde 1978 : 55］。長きにわたる家父長制の社会において、「エロティック」は「ポルノグラフィ」へと挿げ替えられ、男性が女性を性規範に押し込め思うがまま性的に搾取するための手段として利用されてきました。そこでロードは、「内側から外側へ、自分自身の中にあるエロティックの力に触れながら」生きるという女性の生命力溢れるあり方を説きました［Lorde 1984 : 58］。この内側から溢れ出る「エロティック」は、男性によって押し付けられる性規範に臆することなく抗う女性の革命的力の根源なのです。

一九九三年、ジャマイカ人学者キャロリン・クーパー Carolyn Cooper が『血に潜むノイズ：ジャマイカ大衆文化の口承性、ジェンダー、そして「下品」な身体（*Noises in the Blood: Orality, Gender and the "Vulgar" Body of Jamaican Popular Culture*）』というカリビアン・フェミニズムの金字塔とも呼べる著書を出版しました。クーパーはジャマイカのダンスホールなどの大衆文化における「スラックネス（slackness）」という、通常では下品さや猥雑さ、そして性的緩慢さを否定的に意味する概念に着目し、それがむしろ女性の性的主体性を主張するためのものであると考えます。「スラックネス」とは、まさに「エロティック」と同様に、男性に都合の良いように作り上げられた性規範に抗うジャマイカ人女性たちの力の根源なのです。「エロティック」な力に触れながら生きる女性たちをクーパーは「境界侵犯的な女性」と表現し、彼女たちこそ「擬人化されたスラックネスである」と主張しました［Cooper 1993：11］。そして「スラックネス」を通して植民地主義由来の人種差別が蔓延る社会や家父長的秩序に対して女性たちが抵抗に従事する様を、カリブ海（広くはラテンアメリカ）に特有の歴史的経験である逃亡奴隷（マルーン）になぞらえて、「エロティックなマルーン化」と呼んでいます［Cooper 1993：161］。

クーパーを経由した力としての「エロティック」という概念は、二〇〇〇年以降カリビアン・フェミニズムにおいてさらに重要性を帯びています。二〇一〇年にはジャマイカ人作家オーパル・パルマー・アディッサ Opal Palmer Adisa とジャマイカ人研究者ドナ・ウィア＝ソリー Dona Wier-Soley が『カリビアン・エロティック：詩、散文、エッセイ（*Caribbean Erotic: Poetry, Prose & Essays*）』を出版しました。このアンソロジーにはハイチ系アメリカ人作家エドウィージ・ダンティカなど錚々たる顔ぶれによる作品が収録されており、そのひとつひとつがカリブ海の「エロティック」の様々な側面を照らし出しています。同年には黒人研究者オミセケ・ナターシャ＝ティンスレー Omise'eke Natasha Tinsley が『砂糖を盗む：カリブ海における女性間のエロティシズム（*Thiefing Sugar: Eroticism Between Women in Caribbean Literature*）』を出版し、カリブ海文学作品において描かれる女性同士の「エロティック」の契機を考察しています。二〇一二年にはカリブ海を専門にする社会学者ミミ・シェラー Mimi Sheller が『下からの市民権：エロティック・エージェンシーとカリブ海の自由（*Citizenship from Below: Erotic Agency and Caribbean Freedom*）』を出版し、カリブ海の歴史を通して、人種や性別により周縁化された人々が主体性を取り戻すために実践していた「エロティックの政治学」を探求しました。

そして近年、カリビアン・フェミニズムは「エロティック」を通してクィア・スタディーズと合流しました。二〇一八年にはリンドン・ギル Lyndon Gill による『エロティック・アイランド：クィア・カリビアンにおけるアートとアクティヴィズム（*Erotic Islands: Art and Activism in the Queer Caribbean*）』、二〇二二年にはクリスタル・ナンディニ・ギシャワン Krystal Nandini Ghisyawan による『エロティック・カートグラフィーズ：脱植民地化とクィア・カリビアン（*Erotic Cartographies: Decolonization and the Queer Caribbean Imagination*）』が出版されています。このように、カリブ海のフェミニズムにおいて脈々と受け継がれる「エロティック」という概念は、さらなる展開、そしてさらなる可能性を現在見せているのです。

コラム⑦

スポーツにおける男性同性愛嫌悪
――サッカー・メキシコ代表の応援と国際サッカー連盟(FIFA)の制裁

上村淳志

ラテンアメリカでは、カトリック教会の異性愛主義と民間のマチスモ（「男性優位主義」の意）のために、Lesbian Gay Bisexual Transgender（以下、LGBT）の差別、とくに男性同性愛嫌悪が根強くあります。しかし同地域でも、同じカトリック圏のフランスやスペインで同性カップルの権利保障が始まったことを受けて、近年アルゼンチン、ブラジル、メキシコなどで同性婚が認められました。ただしその動きは同地域の全域で生じたわけではありません。ペルーやニカラグアのように、今も同性カップルの権利保障がなされる気配のない国もあります［上村二〇二二／畑二〇二四］。

そうしたラテンアメリカに残るLGBT差別のひとつに、スポーツ界のものがあります。スポーツ界のLGBT差別と言えば、二〇二四年パリ五輪の女子ボクシングで、トランスジェンダー選手の参加資格が議論を呼んだことを思い出される方も多いでしょう。ここで取り上げるのは、メキシコのサッカー界における男性同性愛者差別です。

メキシコにおける男性同性愛者差別の証左とされてきたのは、男性同性愛者に対する差別表現と、男性同性愛行為の比喩を伴った異性愛者男性間の言葉遊びです［上村二〇二三：七四―七六頁］。同国における男性同性愛者への侮蔑語の背景には、次の考え方があります。すなわち、性行為の中で男性器を挿入する側や主導的な側を「能動的（activo）」な強者、男性器を受け入れる側や相手の指示に従う側を「受動的（pasivo）」な弱者と見なす発想です。この発想のために、メキシコの男性同性愛者は、「受動的」な「おかま野郎（puto, 原義は「男娼」）」などと侮蔑されてきたのです［上村二〇二三：七五頁］。

これに対して、異性愛者男性の親友同士で男性同性愛行為の比喩を頻繁に使って、相手の出した冗談に引っ掛けた冗談を互いに返し続けて友情を確かめる、「アルブール（albur）」という言葉遊びもあります。この遊びでは、男性同性愛者に対する侮蔑語の前提にある能動的／受動的の発想に基づいて、相手の冗談から続けられなかった側、あるいは相手の冗談を理解できずに男性器を挿入される役割のままで言葉遊びを終えた側を敗者とする形で、勝敗が伴います［上村二〇二三：七〇–七四頁／平井二〇〇二］。

こうした男性同性愛者差別の表現とアルブールの両方が、メキシコのサッカーでは見られます。たとえばアマチュア・サッカーでは、試合中に不甲斐ないプレーをした自軍選手に檄を飛ばし、また敵軍選手を罵る際に「おかま野郎」という表現が使われる一方で、試合後などに自軍選手間でアルブールを面白がって行うのです［平井二〇〇二］。

このようにメキシコのサッカー・チームでは、男性同性愛行為という題材は罵り言葉にも、言葉遊びの素材にもなります。そのためサッカーの応援時にもよく見られ、頻繁に使われる表現のひとつが「おかま野郎」になっています。典型的なのは、敵軍によるゴールキック時です。その際に、一部とはいえ少なからぬ観戦者が助走時に「ehh …」と声を揃えて出し始めて、キック時に「おかま野郎ども！」と敵軍を野次ります。これを国内戦だけでなく国家代表戦でも始めたことが、国際問題化しました。メキシコ代表のサポーターがそれをし始めたのは、二〇〇四年アテネ五輪予選の米墨戦だと言われています。それ以降、国家代表戦で少なからぬサポーターが、「おかま野郎」と敵軍をときどき罵ってきました。それが表立って問題化し始めたのは、二〇一四年ブラジルワールドカップのグループリーグの対カメルーン戦でした。同戦での野次に対し、サッカー界の人種差別と闘う欧州の団体が問題視し、国際サッカー連盟（FIFA）に訴えました。ただその際には、制裁は科されませんでした。ところがFIFAも、LGBTの権利保障の進んだ欧州の人権意識を背景に制裁を検討し始めます。FIFAは、二〇一六年に行われたロシアワールドカップ四次予選の対ホンジュラス戦での野次に対してメキシコに罰金を科したことを皮切りに、罰金額を大幅に上げて無観客試合も科すようになりました［Borg 2024］。

このメキシコのサッカーの応援に対するFIFAによる制裁は、国際人権規約に規定された、ふたつの人権の発想がぶつかる例のひとつです。つまり、民族自決を含んだ社会権という人権の側面に関わるメキシコの旧来の文化的価値観と、個人の尊厳を前提とした自由権という人権の側面を最重要視する欧州発の現代的な価値観が衝突する例なのです。それと似た事が、二〇二三年六月に成立したLGBT理解増進法の議論の過程で日本でも生じました。日本も個人の自由権を何よりも重視するように国際的に求められたわけです。そうした国際的な要請、権利保障を求める国内のLGBT活動家の声、さらにはLGBT当事者の権利擁護に前向きな経済団体の働きかけなどが重なりあって、日本でもLGBT理解増進法の施行に至ったのです。

コラム⑧

ラテンアメリカの有償家事労働者事情

浅倉寛子

世界には七五六〇万人の有償家事労働者がいると言われ、ラテンアメリカ・カリブ地域はその一九・六％を占めます。有償家事労働の特徴として挙げられるのが、労働法が適用されずよって社会保障もないインフォーマルセクターで働く人の割合が多いこと（十人中八人）、また、女性が圧倒的に多いこと（世界では七六・二％、ラテンアメリカ・カリブ地域では九一・一％）です。これは、この職業が女性の重要な労働市場を形成しているにも関わらず、脆弱な労働環境にあることを物語っています。

国際労働機関によれば、家事労働は「家庭において、又は家庭のために行われる労働」で、家事労働者は「雇用関係の下において家事労働に従事する者」と定義されます。ただし、散発的に又は職業としてではなく家事労働を行う者は、家事労働者に含まれません。ここで興味深いのは、家事労働というものが仕事の内容ではなく、仕事がなされる「家庭」という場所、あるいは誰のためになされる仕事であるかによって定義されていることです。よって、家事労働には、一般的に想起される炊事や洗濯、掃除といった内容だけでなく、子どもや要介護高齢者、病人、障害者などに対するケア労働も含まれます。

二〇一一年、国際労働機関によって「家事労働者のためのディーセント・ワーク条約（一八九号条約）」が採択されました。この様な国際条約が必要とされたのは、家事労働が歴史的にジェンダー化され、さらにラテンアメリカにおいては人種化され、労働として可視化されてこなかったからです。家庭という私的空間で女性が行う再生産労働の延長と見なされ、特殊な能力や技能なしで行える「不熟練労働」と解釈されてきました。また、植民地下のラテンアメリカ諸国では、社会の底辺に位置付けられた先住民の女性によって父性的主従関係の中で行われてきたため、資本主義経済における雇用者ー労働者の関係とは一線を画すもの、「本当の仕事」ではないと捉えられてきました。近代化や都市化が進む中、家事労働者の社会的役割や労働形態は、国内移住者か外国人移住者、さらに正規滞在者か非正規滞在者といった国籍や法的地位も作用して多様に変化してきたにも関わらず、劣悪な労働環境は長い間無視されてきました。

この職業の労働環境の特徴として、以下のことが挙げられます。まず労働時間。住み込みの家事労働者は長時間労働で、一日の休憩時間や休日が明確に設定されていなかったり、尊重してもらえなかったりすることがあります。逆に、通いの家事労働者の中には、十分な就労時間を確保することができず、生活に必要な収入を得られない者もいます。次に低賃金。雇用契約に基づく「本当の仕事」と見なされないため、正当な対価を支給されない場合が多くあります。ラテンアメリカ・カリブ地域における女性家事労働者の賃金は、一般労働者の賃金の四三・七%にしか達しません。住居や食事など現物支給を賃金に換算できる場合には、現金収入がさらに減ることもあります。最後に、社会保障制度からの排除。医療保険や失業保険への加入、産休の権利の保護など、通常の労働者が享受できる全ての社会保障を受けている家事労働者は、この地域では全体のわずか九・八%です。

そこで、家事労働者に他の労働者と同等の権利を保障する必要性が喚起され、一八九号条約の採択へと至ったのです。この条約は二〇一三年に十四カ国で批准され発効されましたが、そのうち八カ国がラテンアメリカ諸国でした。二〇二四年までに新たに七つのラテンアメリカ・カリブ地域の国が加わり、三十八カ国中十五カ国の批准国を形成しています。ラテンアメリカにおいては、有償家事労働に関する法整備やその遵守の程度は、国によって変わりますが、徐々に家事労働者の権利が保障されてきているのは確かです。有償家事労働者の十人に九人が女性であるラテンアメリカにおいて、家事労働をディーセント・ワーク（働き甲斐のある人間らしい仕事）とすることは、女性家事労働者だけでなく、全ての女性の地位向上に貢献することでしょう。

「一日中働いても給料はちょっと：フェミニスト 3月8日に向けて」
撮影：柳原恵　2018年5月16日 チリ大学キャンパスにて

第二章

プダウエル区(チリ、サンティアゴ)におけるマプーチェ・フェミニズムの出現に関する考察

カリーナ・アウマーダ・パイラウエケ
Karina Ahumada Pailahueque
訳 三島玲子、監訳 柳原恵・洲崎圭子・水口良樹

【編集委員より】本章は、カリーナ・アウマーダ・パイラウエケ氏のシンポジウムでの報告 "Reflexiones en torno a la emergencia del feminismo mapuche en la comuna de Pudahuel" のベースとなった同タイトルの論文(プント・ヘネロ誌 *Punto Género*, 第十一号二〇一九年六月)を日本語訳したものです。本書収録に合わせて一部改稿されています。訳者および編集委員の補足は〔〕にいれて記載しています。

1. はじめに

まず、〔チリの先住民であるマプーチェの人びとによる〕「マプーチェ・フェミニズム」そのものがチリに存在するのかどうか自問したいと思います。マプーチェ・フェミニズムは、しばしば、マプーチェの女性たち自身からも、西洋フェミニズムの側からも疑問視されることから、この問いは重要性を帯びるのです。マプーチェにフェミニズムが存在するかという問いに対する答えはイエスであるように見えるものの、先住民のフェミニズムの在りようは様々であるとも言えます。自身をフェミニストとは認識せずに、自身のコミュニティや組織で女性の権利のために活動している先住民女性は数多く存

在します。すなわち、マプーチェのコミュニティ内でフェミニストとして活動しているマプーチェ女性の姿や、この運動に関する多くの研究から、マプーチェ・フェミニズムが存在するかどうかという疑問は解消されることになります[Arellano 2015; Forciniti y Palumbo 2012; Gargallo 2011; Hernández 2008; Lorente 2005; Lugones 2010; Quiñimil 2012; Rivera 1999 など]。

しかし、私の関心は、都市(本稿ではサンティアゴ、プダウエル地区)においてマプーチェ・フェミニズムが出現する可能性とそれに対する障壁との関連という視点からマプーチェ・フェミニズムを位置づけることにあります。そのため、二〇一六年から現在までこの区にある九つのマプーチェの組織とともに活動してきた私の経験に基づいた考察を行ってみたいと思います。

さらに、私がどういう立ち位置から「話し、書くのか」という点、私の立場はどこにあるのかということを明確にすることは、より重要であると思われます。私は社会学の専門教育を受け、ジェンダーと文化に関する研究分野を専攻しました。公にフェミニストを自認するものの、公的な歴史や先祖のルーツが奪い取られてきたため、マプーチェ女性としての自身のアイデンティティを模索している最中であり、私はマプーチェの文化や世界観について学んでいる最中だと思っています。この意味で、私の立ち位置は、二元性、闘いにおける団結、家庭の内外で直面する暴力、「白い」フェミニズム〔「白人」のフェミニズム〕の側からの不可視化、そして民族の尊厳を代表すべくなされる呼びかけといった事柄について扱う本稿の議論に呼応するものです。これらは、フェミニストとしての政治的な主体性を構築する過程で、私を含む多くのマプーチェ女性が共有するパラドックスのようなものだと私は考えています。

2. 背景

「プダウエル」は、マプーチェ語(マプドゥングン)で「沼地の場所〈*1〉」を意味します。プダウエル地区は首都サンティアゴの北西部に位置しています。一八九七年に形成され、一九八一年まではバランカス〔スペイン語で「峡谷」の意味がある地名〕と呼ばれました。二〇世紀に農民が移住したため、田園風景が作られました。その後、六〇年代の都市化に伴い、グラン・サンティアゴの一部となりました。しかし、軍事独裁政権下で区の編成と再編成〈＊二〉に問題が生じ、プダウエル地区は北部、南部、農村部の三つの区域に分かれ、今に至ります。

　地区統計報告書によると、推定住民数は二六万二二九人であり、うち十一・七五%が自分はマプーチェであると申告しています。この数字は二〇二二年の全国社会経済的特性評価調査（Casen: Caracterización Socioeconomica Nacional）に加え、「国勢調査二〇〇二年―二〇一七年」(Censos de Población y Vivienda 2002-2017)によっても、裏づけられています。

　私は二〇一六年半ばに、当該自治体のコミュニティ開発局に属する先住民問題プログラム〈＊三〉のコーディネーターとして着任しました。本プログラムの主な目標は、「先住民の文化と伝統の普及と促進を目指す「先住民会議」との協働を通して、区内に居住する先住民の総合的発展と参加に寄与すること」（二〇一八年運営計画）でした。

　他のプログラムとは異なり、「先住民会議」は九つのマプーチェ組織（混合）で構成されます。構成団体の呼称は次の通りです。「プダウエル地区・マプーチェ評議会」、「メリ・レウェ」、「ウィトゥルンコ・マプ」、「ラジェンコ」、「コスキージャ・ラジェン高齢者クラブ」、「ウィリマプ住宅委員会〈＊四〉」、「異文化教育グループ」、「カルフ・ラジェン住宅委員会」、「文化団体ペウマヤイン」です。これらは、先住民や種族民（los pueblos indígenas y tribales）の権利保護、そして意思決定への参加保障を定めるＩＬＯ（国際労働機関）の第一六九号条約〔「独立国における原住民及び種族民に関する条約（先住民でなく原住民となっているのはＩＬＯの訳による）」。チリは二〇〇八年に批准、日本は未批准〕に基づき、設計、計画、評価が協議を通じて行われます。

3．二元性またはヒエラルキー的二項対立

最初に考えたいのは、マプーチェの世界観の二元性（dualidad）という側面についてです。「マプーチェの言語と文化に関するワークショップ」で、ファシリテーターが世界の二元的なビジョンについて触れたことを今でも覚えています。土地／空、太陽／月、雨／干ばつ、男／女などのように、両極が存在し、それらは補完的であるか、均衡の取れた二元論を構成しています。

この原則は、ヌケマプ（マプーチェ語で母なる大地）と自然に対する一体感、尊重、相互関係を含むものです。したがって、〔男女間の〕ヒエラルキー的な対立構造を意味する「ジェンダー」というカテゴリーは、〔マプーチェの〕男女の関係における均衡を乱す概念です。

この点に関し、私にはいくつかの問いが浮かびます。マプーチェの世界観において、男女間の関係における均衡は「道理にかなったこと」として受け入れられているのでしょうか？ また、地域組織を構成する人々は、日常生活においてこれらの価値観に従っているのでしょうか？ なぜなら、これらの価値観は、主流のチリ社会の家父長制的構造によって乱され、侵食されており、特に、競争、個人主義、成功主義を促進している現在のチリの経済モデルでは顕著なものだからです。

しかしながら、私はこの二元性への疑問が、二項対立（binarismo）と結び付いた西洋的な見方に対応するのではないかと考えました。つまり、ある用語が他の用語を補完するのではなく、代わりに一方が「普遍的」となり、他方が「残り」となってしまうのです。セガート［Segato 2011］やガルガーリョ［Gargallo 2012］が指摘するように、女性と男性という二項対立は、植民地化によって導入され、先住民男性によって政治的または経済的な権力を得るために利用されました。

一方で、アンカン［Ancán 2010］やメナルド［Menard 2012］が示唆するように、「真正」なマプーチェ文化と「現実」

の堕落したそれとを区別することについて、過去を理想化し、現在を否定する守りの姿勢もみられます。この議論に従えば、「男女間の調和の取れた過去」という表象の背景にあるものは何なのかを明らかにすることが重要です。「純粋／不純」という歴史的に植民地主義的な二分法を反転させることで、ガルガーリョ［Gargallo 2011, 2012］がすでに指摘しているように、補完性の概念は、先住民男性に女性が奉仕する「義務」へと変質し、そのことが習慣や先祖代々の習わしといった言説に覆われてしまう罠に陥るリスクを孕みます。

さらに、私はそこにある種の異性愛規範が含まれているのではないかと疑っています。補完性は、民族の世界観を守る「正統なマプーチェ女性」というヘゲモニックな表象を強化し、他のマプーチェのアイデンティティや主体性の存在を見えにくくしてしまう可能性があるためです。

4. 男女の共同戦線

次に考えたいのは、組織内での差別やマチスモに対する「闘いにおける団結」という言説です。この闘いは男女双方に関わるため、共同で取り組まれるものです。これは男性支配に対する闘いではなく、補完的で公正な基盤に基づく共同体を再構築するための闘いです。そのため、最も重要な闘争は、集団的権利、特にコミュニティが存在するテリトリーに対する権利をめぐる闘争になります。

プラムヘン（マプーチェ語で姉妹／兄弟）からよく聞くのは、フェミニズムはマプーチェの人々の現実に合わないということです。なぜなら、フェミニズムは分離主義的な闘争をもたらし、場合によっては反男性的であり、運動の団結を弱めるからです。そこで私は次のような問いを抱きます。集団的権利のための闘争は、フェミニズムから距離を置く理由になるのでしょうか？ また、「闘いにおける団結」は、マプーチェ女性がフェミニストとして自己定義することにどのように影響するのでしょうか？

政治的領域から排除された人々〈＊五〉が、フェミニズム思想と共通する視点を生み出したと考えるのはもっともなことです。特に、独裁政権に抵抗していた頃に特徴的だった国家への挑戦という点では、マプーチェの要求が、今日に至るまで焦点化してきたシナリオと共通しています。

一部のマプーチェ女性が自分たちをフェミニストとして認識するのが難しい理由の一つは、チリ社会における自分たちの従属的な立場や状況〈＊六〉にあるかもしれません。このことが、マプーチェの男性と分かれて独自の女性運動を形成するのではなく、むしろ男性と一緒に団結する傾向を生じさせます。おそらく、このような理由により、マプーチェ女性としてのアイデンティティを確立してきたにもかかわらず、プダウエル地区では男女混合の組織しか存在していません。

しかしながら、プラムヘン（姉妹）たちが、より評価されたい、耳を傾けてもらいたい、意思決定に影響を与えたいという組織に対するニーズと要求を持っていることは明白です。集団的な要求（民族）のための闘いと、個人的な要求（ジェンダー）のための闘いは、どちらか一方を犠牲にすることなく補完し合うべきものです。

5. マプーチェ女性に対する暴力

三つめに考察するのは、地域レベルでのマプーチェの女性に対する暴力についてです。この問題は、地区の組織においてほとんど話題にされず、場合によっては隠蔽されることさえあります。特に興味深いのは、暴力の問題を提起し、政治的に扱うのが女性だけであるという点です。

パイネマル［Painemal 2013］によれば、ＤＶや性と生殖に関する健康などの特定の問題への取り組みが、九〇年代に都市と農村の両方で、女性だけの組織の出現を促しましたが、こういった女性だけの組織は、男性たちとの対立を免れることはありませんでした。彼らはマプーチェの運動を分断している、フェミニストの影響を受けていると彼女たちを非難しました。それにもかかわらず、女性たちは自らの組織での活動を継続し、自分自身を価値ある存在と感じられる感覚を強め、リーダーシップを可視化しました。

DVに直面している、とりわけ家族の内にとどまっているプラムヘン（姉妹）と話すことは容易ではありません。彼女たちが加害者を告発することへの恐怖、そして、問題に向き合うのではなく、マプーチェの人々に汚名を着せる〈＊七〉ようなマチスモ的で家父長制的なチリ国家からの対応がその原因です。「マプーチェ男性は非常にマチスタ〔男性優位主義的な考え方を持つ人〕で、アルコール依存症で、暴力的だ」とか、「昔は男性は複数の女性を妻にしていた」とか、「リーダーたちはあなたの話を聞かないよ。なぜならあなたが女性で、しかも若いからだ」といった、ステレオタイプで原理主義的なコメントを何度も聞いてきました。私は、果たして先住民の血を引かない男性リーダーの方が、マプーチェ男性よりもマチスタではないのだろうかと疑問に思います。また、「昔からそうだったし、これからも変わることはない」という論拠で、文化に歴史がなかったと推定することは適切なのだろうかとも考えます。

ほどなくして、ウントラウン（マプーチェ語で集会、会合）において、DVの事例に対処する最も一般的で、おそらく正しい方法が思いがけず明らかになりました。それは、このような状況は、アスマプ〈＊八〉を考慮して組織内で対処するべきだという提案です。アスマプとは、特定の地域の規範であり、人々を律し、他の生物との相互関係を調整するものです。しかし、例えば、アスマプをプダウェル地区で適用することは可能なのか？ 紛争解決のために組織が果たすべく定められた役割はあるのか？ など、いくつかの疑問が浮かび上がります。

パイネマルとアルバレス［Painemal y Alvarez 2016］によれば、これらの疑問の解明に役立つ第一の要素は、アイデンティティの喪失やチリ国家が行使する社会・文化的支配のプロセスによって引き起こされた、マプーチェの家族関係における不均衡の存在です。

カルフィオ［Calfio 2009］が提示する第二の要素は、植民地化の産物として、子どもを産み育てることの役割が社会的価値を失い、自由な時代〔チリという国家ができる以前の時代〕〈＊＊編者補足〉のようには評価されなくなったということです。残念ながら、いくつかの証言からは、自己の価値の否定や居場所のなさが感じ取れます。コンプレックスを抱えた男性から常に屈辱的な扱いを受け、侮蔑されることで、「女性であること」そのものに対する疑問さえ抱いています。

両方の意見を考慮すると、解決策の一つは、マプーチェの視点から理解し、貢献することにあると思われます。つまり、組織が現に存在するこの問題にどう関わるのかを見極めることです。また、この問題は、公的機関――この場合はつまり自治体――がさまざまな社会プログラムを通じて実現できる仕組みだけでは解決しません。この意味で、私たち女性たちが戦略的にマプーチェの世界観の要素、例えば二元性や補完性を再評価することが重要です。先祖から受け継ぐ原則と価値観を求めることで、私たちはコミュニティにおける女性の地位を回復し、マプーチェの男性との関係に変化を求め、運動やマプーチェの闘いにおける私たちの役割が認められるのです。

6. 西洋のフェミニズムにおける不可視化とマプーチェの人々の表象

四点目に考察するのは、ある民族が西洋のフェミニズムにおいて不可視化されていることと、その「尊厳ある」表象です。（私自身も含む）プダウエル地区のマプーチェ女性たちにとって、アイデンティティをめぐる闘いは、たとえ都市に住んでいても、土地や自らの文化のための闘いと切り離すことはできません。家父長制に対する闘いが二の次になっていることで、一部のフェミニストグループや集団は、私たちにはマプーチェの中の男性権力を批判する能力が欠けているのだと解釈しています。しかしながら、女性間の権力関係を疑問視する人がほとんどいないことには驚かされます。白人やメスティーソの女性による人種差別は、私の見解では、白人、メスティーソ、そして先住民の男性の家父長制と同様に、根深く存在しています。

「ラテンアメリカにおいて、おおかたの白人女性は先住民女性やアフリカ系女性に対して、女主人と女中、所有者と奴隷、あるいは奥様と召使いという関係でした。歴史は私たちを不平等に扱ってきたのに、女性であることの普遍性という偽りの口実の下にこれらの非対称性を隠すことは非常に不幸なことです。解放の旗を一本だけ掲げることもまた不幸なことです」〔Cumes 2009:34〕。

忘れてはならないのは、多くのフェミニズムは、平等や公平の追求に焦点を当てており、階級、人種、性的指向、土地〔territorio〕にまつわるアイデンティティとの交差を考慮せずに闘いを普遍化しているということです。このような組織形態は、マプーチェ女性や先住民女性からは、ヘゲモニック（支配的）で、階級主義的、白人中心的、自己中心的〔あたかも「白人」のフェミニズムが課題の中心だというようなものの見方〕なフェミニズム〈＊九〉として認識されています。

「このフェミニズムを疑問視せずに受け入れることは危険だと私たちには思われます。植民地主義と家父長制は、「女性同士で」働くことで消えるわけではありません（…）。したがって、フェミニズム運動の歩みをさらに進め、まず自らの特権について語り、その責任を負う必要があります…」〔Painemal y Cañet 2018〕

どうやら、近代性に根差し、家父長制の概念に基づいて闘いを組み立てるような、西洋、「北」中心的なアプローチから先住民女性たちの生活を見る従来のフェミニズムの視点からは距離を置く必要があるようです〔Espinoza 2014〕。より適切なのは、自らのアイデンティティをその土地と歴史に根ざしたものとして確立する「地域に根ざしたフェミニズム」について語ることです。そうすることで、先住民をその土地の「他者」として位置づけるパラダイムから距離を置くことができるのです。

また、民族性を復権させようとする要求の多くが、ジェンダーの中立性を含みますが、権力関係から切り離した「純粋な」価値観や慣習として理解されることで、先住民文化を「本質化」する危険性を孕んでいることにも留意することが重要です。その際、女性は「我が民族の象徴」として利用されることになります。

7. 結びにかえて

このように、プダウエル地区では、組織されたマプーチェ女性たちは、補完性の原則に基づいて自らのアイデンティティを確かなものとし、家父長制と人種差別に対する闘いを明確に打ち出そうとしています。組織内で先住民の価値観を再定義するプロセスに関しては、すでに述べたカテゴリーだけでなく、均衡と相互性もまた、人々の変化するニーズや欲望に合致していなければなりません。私の呼びかけは、その実践における根拠を批判的かつ深く分析し、組織化された抑圧の隠れ蓑にならないようにすることです。そうすることで、おそらく共同体の秩序を取り戻すための手段になるかもしれません。多様性はプダウエル地区のマプーチェ女性たちの特徴の一つです。自らをフェミニストと考え、そのように認識されている人もいれば、フェミニズム運動に所属することを受け入れずにフェミニスト的な行動をとる人もいます。また、フェミニズムを、異質なもの、外来のものと見なし、関わりたくないと思って自らの組織の権利のためだけに働く女性もいます。

それでもなお、生活共同体(comuna)を超えて共闘できる局面があります。それは、新自由主義的グローバリゼーションと採掘主義に対する闘いであり、私たちの生活は林業と採掘業による脅威に常に晒されています。マプーチェ・フェミニズムと、より公正な社会の構築に向け、女性運動との連携に先立って実りある対話を実現するためには、民族としての認識と差異を受け入れることが不可欠です。

この意味で、世代を超えて繰り返され、伝えられてきたトラウマに集団で対処することが非常に重要です。私たちはさまざまな形の暴力を経験してきたことを認識しつつ、同時に私たちがクイフィケチェイェム(祖先)から受け継いだ、何千年にも渡る抵抗の力を復活させ、強化しなければなりません。

私が目指すのは、より包括的で大規模な先住民組織の創立を呼びかけることではなく、白人/リベラル・フェミニズムを脱中心化することです。そのためには、植民地主義と略奪から始まる歴史にさかのぼって考えることが必要であり、脱植民地化理論やフェミニスト・グループが押し付けるものも含めたヒエラルキーの解体が求められます。

質疑応答

柳原恵（コメンテーター） 柳原です。私は実はもともとラテンアメリカ研究にはまったく触れてこなかった人間で、日本の東北地方の農村部のフェミニズムを中心に研究してきました。二〇一六年から十九年にかけて、家族の仕事の都合でチリに住む機会があり、その機会を得たことで、ラテンアメリカの女性たちのおかれた状況やフェミニズムについて関心を持ち始めました。ですので、今回コメンテーターとしても、このシンポジウムのテーマである「日本から考える」という視点から、コメントと質問をさせていただければと思います。

カリーナさんとは、私がチリに住んでいたときに知り合いました。二〇一八年にサンティアゴのチリ大学で開催された「ラテンアメリカ・フェミニズムズの政治的アクチュアリティ（Seminario Internacional Actualidad Política de los Feminismos Latinoamericanos）」という国際シンポジウムに参加しました。そのシンポジウムでカリーナさんがマプーチェ・フェミニズムについてご報告されました。それを聞いて大変感銘を受け、後日、通訳を介してインタビューをさせていただいたという経緯があります。今回、日本でラテンアメリカとフェミニズムに関するシンポジウムを開催するときに、ぜひカリーナさんにも登壇して欲しいということで依頼をしました。今日は地球の反対側から登壇していただいて本当に感謝しております。

さて、カリーナさんの報告ですが、先住民の人びとに対する国家からの植民地主義的な暴力、またはグローバル資本主義の暴力、そしてマプーチェ社会にも内在しているジェンダーの問題、そのようなさまざまなインターセクショナルな、複合差別的な状況に置かれている現状があり、その状況を打破するために、伝統的なマプーチェの価値観――二元性や調和という世界観をフェミニスト的に解釈し、それらの伝統的な価値観を、ジェンダー平等に向けて戦略的に使っていくという非常に刺激的な思想的実践が紹介されたかと思います。

今回、日本のオーディエンスに向けてチリのマプーチェのフェミニズムを紹介していただいたことは、日本のフェミニズムをめぐる研究にとっても大きな貢献になるものだと思います。日本においても、先住民フェミニズムといわれる潮流が現れてきています。例えば北海道大学の石原真衣さんがアイヌ女性の視点や立場からのフェミニズムを提唱しておりますし、また沖縄では勝方＝稲福恵子さんがジェンダーとエスニシティの視点に立つ「沖縄女性学」を立ち上げています。私はもともと、〈化外〉と呼ばれた日本の東北地方のフェミニズム（参照『〈化外〉のフェミニズム：岩手・麗ら舎読書会の〈おなご〉たち』ドメス出版、二〇一八）を研究してきたとお話ししましたが、東北地方は、かつては日本の主流の民族とは異なるエミシという人びとが住んでいる場所でありました。エミシは当時の中央政権から弾圧され、その侵略に対して激しく抵抗してきたという歴史があります。八世紀に制圧されてしまうんですけれども、その末裔の人びとのフェミニズムを扱っているとも言えるだろうと考えたりしました。

また、在日コリアンのフェミニスト研究者の鄭暎惠《チョン・ヨンヘ》さんが、『イヴの隠れた顔』で知られるサーダウィを論じつつ、「フェミニズムとは、ある状況――文化・歴史・経済・政治・階級・ジェンダー・エスニシティ・人種――に内在的であり、その状況をインサイダーとして生きる〈ネイティヴ〉のみが、その状況におけるフェミニズムを構築しうる」（『〈民が代〉斉唱』岩波書店、二〇〇七：六〇頁、強調原文）と述べていますが、このことも思い起こしました。ラテンアメリカと日本は、歴史的背景、文化的背景、非常に異なりますが、それぞれの場所に内在したフェミニズムというものをそれぞれの場所で形づくっている。さらに、それらの違いをそのままにしながら共通する課題、例えば新自由主義と家父長制の結託や、普遍的なマチスモへの抵抗など、グローバルな連帯へもつながる可能性が見えたように思いました。

質問ですが、マプーチェ・フェミニズムは分離主義的ではないというお話がありました。男女一緒に活動しているということでしたけれども、男性の立ち位置といいますか、どのようなスタンスでフェミニズムの活動に参画しているのかをお伺いしたいです。

カリーナ・アウマーダ　マプーチェの男性が女性と一緒に活動に参加することについては、二元性（dualidad）的な女性と男性という区別に基づいていると思います。例えば、女性の場合は、幼い子どもたちに自分たちの伝統を伝えようとします。一方、男性は、権力に関する問題、例えば儀式などで発言権を持っています。しかし、女性もだんだんと力を持つようになっており、例えば労働などについても自分たちの意見を言うようになってきていますし、男性に対してこういうこと言っていいの？というようなことを主張するようになってきました。コミュニティの組織内でなされてきた、従来のやり方は徐々に変わってきています。例えば、ロンコ〔コミュニティの首長〕になるような女性も出てきています。収入も上がってきています。ですからロンコのように、これまで男性が占めていた地位にも女性が就くケースも出てきました。ただ、私が報告の中でも説明したように、過去を理想化する傾向はあります。常に、植民地になる以前は、今よりも男性と女性の間に調和的な関係があったというようなことが言われるわけです。しかし、実際にはそうではなかったと思います。

＊一　マリア・ウェヌニル・アンティウアラによる推定。アンティウアラは、パンギプリ市ユマプ・アルト出身のマプーチェの詩人・作家であり、現在、首都圏の幼稚園や学校で先住民の言語と文化の教育者（ＥＬＣＩ）として働く。プダウエル在住。

＊二　詳細については、拙著「プダウエルの歴史における女性住民の役割の回復（一九六五―一九八九）：闘いと夢の探求」("Recuperación del rol de las mujeres pobladoras en la historia de Pudahuel (1965-1989) : Luchas y sueños por extrapolar", 2016）を参照のこと。

＊三　プログラムの名称は、毎年監査局により変更されていたが、二〇二四年八月からは市長令により「先住民オフィス」となった。

＊四　「ウィリマプ住宅委員会」は、近年「先住民会議」にあまり参加していない。また、「ウィリマプ住宅委員会」に加え、「ラジェンコ」、「コスキージャ・ラジェン高齢者クラブ」、「異文化教育グループ」、「カルフ・ラジェン住宅委員会」は、チリにおける二〇一九年の「社会の暴発（el estallido social)」やコロナウィルス感染症によるパンデミックなどの理由により、現在は活動していない。

＊五　認知度や代表性という意味において。

＊六　階級、エスニシティ、年齢、性的指向などが交差していることを指す。これらの交差性は、フェミニズムの政治においては考慮されてこなかったものであり、少なくともその初期においては、女性の中のあらゆる違いやさまざまな背景を無視して、女性という単一の主体を規定していた。

＊七　二〇二三年三月十一日、チリの女性省（SERNAM）がアウストラル新聞に提供した情報には、無視できない事実が記されている。あるマプーチェ女性に対する暴力事件において、ＩＬＯ第一六九号条約における先住民の慣習

への配慮条項を持ち出し〔暴力を正当化しようとし〕た。この結果、〔マプーチェの男性である〕加害者は、公開の場で謝罪をするだけで罰則を免れることとなった。

＊八 マプーチェの人、自然、森羅万象との調和に基づき、存在するあらゆるものを秩序立てる一連のルール。社会的、政治的、法的、精神的、文化的なレベルでの調和と均衡を意味している。

＊九 すべての物事を結びつけ、土台を作るような中心や核のことであり、ここではヘゲモニックなフェミニズム（例えば、西洋の、白人の、上流階級の、都市部のフェミニズム）を指している。そこには、マプーチェ女性の歴史や経験が存在する余地はない。こういった〔ヘゲモニックな〕フェミニズムは、家父長制を主要な敵とする闘いを普遍化する一方で、従属が交差する様相や、生物多様性や土地、霊性の尊重と保護といった先住民独自の世界観（cosmovisión）を考慮することはない。

＊＊編者補足 シンポジウムにおけるアウマーダ氏の発言の一部を補足として記載します。
「マプーチェでは、「La Nación《ラ ナシオン》〔民族〕」とは「El Estado《エル エスタード》 Chileno《チレーノ》〔チリ国家〕」以前の存在を意味し、それが私たちが先住民である理由です。私たちは言語、精神性、領土、習慣などを持ち、チリ国家設立以前から住んでいました。チリ国家は歴史が浅いものです。私たちの集団的権利が認められず、領土を奪われ、その結果、複雑な歴史的関係が生まれました。」

ボリビアの先住民女性の声とフェミニズム

藤田護

現代のボリビアにおいては、女性の声、特に先住民の声を聴こうとする取り組みが多く続けられてきました。その先陣を切ったのは、鉱山労働者の配偶者女性組織の指導者であったドミティーラ・バリオス・デ・チュンガーラ Domitila Barrios de Chungara のオーラルヒストリー『私にも話させて（*Si me permiten hablar*）』で、これはブラジルで民衆教育に携わるモエマ・ビエセル Moema Viezzer による聞き取りを通じて発表されたものです。鉱山労働者の妻であり子どもたちの母でもある女性たちの日常生活を活写するとともに、鋭い体制批判を展開するドミティーラの雄弁で魅力的な声が集められたこの本は、初版が一九七七年にシグロ・ベインティウノ・エディトーレス Siglo XXI Editores というラテンアメリカの大手出版社を通じて刊行され、民衆のオーラルヒストリーの象徴として国際的な名声を獲得しました。日本でも現代企画室のインディアス叢書の一冊として唐澤秀子の翻訳によって一九八四年に刊行され、そこではドミティーラの話す民衆のスペイン語を木曾の日本語で訳すなどの魅力的な翻訳の実験がなされました。また、ドミティーラ本人も著者として認定されています（原著ではそうなっておらず、ビエセルの名前しか表紙には出ていません）。

一方で、同書はボリビア国内では正式に流通しないという状況が続いてきました。実際に、二〇一八年にボリビア副大統領府が独立二〇〇周年記念出版事業の一巻として同書をシリーズに加えるまでは、同書へのアクセスは街の本売りの露店で手に入るコピー本であり続け、実際に私の手元にあるのもそのようなコピー本です。これは、ボリビアで先住民を主体とする映画を製作し続けてきたウカマウ集団（グルーポ・ウカマウ）の映画が、近年までのボリビア国内で置かれてきた状況とよく似ています。

少数の作品が国際的な名声を獲得する一方で、その後のボリビア国内では、運動の指導者だけではない一般の先住民の女性の声を聞こうとする取り組みが着実に積み重ねられてきました。アイマラ語やケチュア語による先住民のオーラルヒストリーによって、一九八〇年代にエスノヒストリーや社会史の分野で大きな影響力をもったアンデス・オーラルヒストリー工房（Taller de Historia Oral Andina, THOA）は、二〇世紀前半のアイマラ先住民の土地回復運動であるカシーケス・アポデラードスの運動、そして都市労働者におけるアナキズムのオーラルヒストリーが大きなインパクトをもちましたが、同時に先住民女性によるオーラルヒストリーの取り組みも展開されてきました。この取り組みを通して、当時明らかになりつつあった先住民の叛乱の歴史に、女性が積極的な主体として参与していたこと、また叛乱だけでなく、神話を含めた歴史の様々な局面や、儀礼を含めた共同体の生活において、先住民女性が重要な役割を果たしてきたことに光が当てられることになりました。オーラルヒストリーのなかの一つの言葉を引用してみましょう——

Chayta, imaynataq q'aras mana aysirichu? [⋯] Intuns inkapuni kuka qhawan, inkapuni kuka akhullin, intuns sanullatapuni kutichispa.（THOA 2023, pp.121-2、原著は一九八六年、ケチュア語、語り手は女性呪術師）

そう、なんで白人は伝統治療師にならないんだろうね？（中略）で、インカだけがコカ葉を読んで、インカだけがコカ葉を噛んで、そして人をしっかり健康にできるんだ。

この言葉は、アンデス高地の先住民知識人の世界で、植民地主義と脱植民地化が病とその治癒の過程に重ね合わされて理解されていることを踏まえて読み直すと、たいへん含蓄のある言葉だということが見えてきます。このような指導者ではない者たちのオーラルヒストリーがもつ重要性は、イギリス出身の人類学者アリソン・スペディングが指摘しており、実際にスペディング自身もラパス県亜熱帯のユンガス地域で、コカ葉の栽培と収穫に携わる女性のアイマラ語のオーラルヒストリーの著作を発表しています。

二一世紀に入ると、このようなオーラルヒストリーの系譜は、非営利団体のネットワーク組織「女性支援協調組織（Coordinadora de la Mujer）」による複数の先住民集団の女性たちの声を集める大がかりな取り組みへと結実します。そこでは歴史やジェンダー関係に向けられた鋭い視線が、先住民の言語で語られます——

Warmitakis kunas juchakiwa, chachar ikkatätas jucha, chachar jan ikkatätas jucharakiki, kunas warmin juchapakiwa.（Nina y equipo THOA 2009, p.128, アイマラ語、語り手はサンティアゴ・デ・リャリャグアの女性）

女性に全てがなすりつけられるんだ、夫と寝たらそれはその女性のせいで、夫と寝なかったら寝なかったでその女性が悪い。全てがひたすら女性の罪にされるんだよ。

これらのオーラルヒストリーは、一九八〇年代から九〇年代にかけてアイマラ語のラジオドラマとして放送されることによって、ボリビアのアンデス高地の一般の人々にも広く影響を与えてきました。しかし、このような仕事はボリビア国外ではほとんど知られていません。

また、一九九二年からは、アナルコ・フェミニスト団体である「うみだす女たち《ムヘーレス・クレアンド》（Mujeres creando）」が活動を始め、「脱植民地化にはまず脱家父長制が必要だ（No se puede descolonizar sin despatriarcalizar）」というスローガンとともに、街路での痛烈な風刺をこめた落書きパフォーマンス（graffitis）によって人々の注目を集め、リーダーのマリーア・ガリンドがメディアの言論においても主要な存在となっています。先住民出身のエボ・モラレス大統領（当時）に対してもその男性中心主義的な振る舞いと政治の頽落を鋭く批判してきました――

Evo no eres un revolucionario, eres un impostor. Basta de caudillismo.

エボ、おまえは革命家ではない、嘘つきだ。カウディーリョはもうたくさんだ。

カウディーリョとは、ラテンアメリカの主流社会における伝統的な、男性主義的な地方ボスの政治家のことを意味しています。すなわち、先住民出身大統領が出てもこれまでのボリビアの政治家と変わらないという痛烈な批判を浴びせているのです。

同時に、ガリンドによる先住民への言及は、先住民運動にかかわる側からは、先住民社会を理解しない無神経な主張の押しつけだと言われることもあります。しかし、先住民運動が時として先住民社会内のジェンダー関係を理想化しがちな傾向をもつことも指摘されてきており、両者のあいだには緊張関係が常に存在しています。

ボリビアの先住民女性のオーラルヒストリーをめぐる状況は、我々が果たしてどのような声に耳を傾けようとするのかを厳しく問い返しているように思われます。また、アナルコ・フェミニズムと先住民社会のあいだの相克は、ボリビアの政治社会思想全般が従来から抱えてきた、果たして左派やアナキズムが先住民と「出会える」のかという問題とも通底しています。ぜひこのことに関心をもち、普段はほとんど聞きとられない人々の声に耳をすませようとする人が増えてほしいと思います。

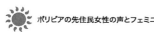

女性の身体と詩とバイリンガル

鋤柄史子

Ch'ayemotik ta o'ontonal li antsotike.
Oy jvokol tik skoj ti bats'i antsotike,
nutsbilotik ta kosiltik:
I i vokolile ta stek' l i jch'uleltike,
ta sjipotik ta at o'ontonal …

Hemos sido mujeres olvidadas.
Sufrimos por ser mujeres tsotsiles,
despojadas de nuestros territorios:
el dolor pisotea nuestras almas,
nos destierra a un inframundo de soledad …

[Bentzulul 2023：21-22]

忘却に追いやられてきたわたしたち
ツォツィルの女であるがゆえに苦しみ、
みずからの土地を剥奪されてきた
痛みがこの魂を踏みにじり、
わたしたちをよるべない地下へと追い放つ（筆者訳）

これは、メキシコのマヤ語族ツォツィルの詩人、スシ・ベンツルル Susi Bentzulul（一九九五）の詩「Nutsel. Destierro（追放）」の一節です。ベンツルルは、チアパス州の先住民コミュニティで常態化するマチスモに警笛を鳴らし、フェミニズムの立場から詩作を行う必要性を訴えます。ベンツルル曰く、ツォツィル語には「フェミサイド」や「性暴力」といった概念を表す言葉が存在しない、あるいはコミュニティ内で公に語られることがほとんどないため一般的に定まった言葉がありません〈＊1〉。だからこそ彼女は詩の世界で、暴力を覆い隠すベールをはぎ、女性が被る痛みを表そうとします。彼女の詩作はある意味で暴力の実態を文字によって可視化する試みだと言えるでしょう。

それが詩作である限り、そこには比喩表現を用いたり韻を踏んだりといった、イメージを増幅させる修辞的なからくりが仕込まれます。例えば「Nutsel. Destierro」では、kosiltik - nuestro territorio という「わたしたちの土地」《テリトリー》を表す表現が女性の身体的・精神的な領域《テリトリー》を暗示することが想像できます。女性が本来有する領域から追放され、主体性を剥奪されてきたことが表現されています。

そして、ベンツルルの詩ではこの修辞的なからくりが言語の枠を超えて作用します。詩がツォツィル語とスペイン語のバイリンガルで書かれていることに目を向けてみてください。先住民文芸作家が先住民言語のみで作品を発表することは現代のメキシコでは稀で、スペイン語との併記、つまり二言語間で作家は「翻訳」を行います。翻訳は創作とは異なる技術を要するものですが、それが先住民作家の意向を問わず外部的必要性のうちに強いられてきたのです。つまり、バイリンガル記述はスペイン語の先住民言語に対するヘゲモニーの表れだと言えます。他方で、ベンツルルの詩には、二言語間を行き来することで不均衡な関係性を転用し、意味を拡大させようとする仕掛けをみることができます。例えばツォツィル語版の四行目にある ta stek' ですが、スペイン語版では pisotear という動詞があてられています。後者は物理的になにかを「踏みつける」という意味と相手を「蹂躙する」、つまり暴力や権力によって他者を侵害するという意味があります。ツォツィル語の tek' は本来、物理的になにかを踏む動作を表しますが〈*11〉、この詩の中では二言語が連鎖的に作用して「踏みにじる」という意味が強調されています。つまり、ツォツィル語 ta stek' にスペイン語 pisotear の類似性をあえて近寄せる（模倣する）ことで、ツォツィル語の言葉が補強されたり変容したりして意味作用が生じるのです。このように考えたとき、ベンツルルが行うバイリンガルの詩作は、規定的な言語の枠組みや言語間の不均衡に固定された関係性を脱しながら修辞的な可能性を追求しようとする実践だと言えるのではないでしょうか。

ベンツルルの詩から、文学を書くことは、みずからを苛む現実に抗うための手段となりえると同時に、規定の枠組みを超える言葉の流動性を模索する実践でもあるのだと理解できるのです。

---

*1　二〇二二年八月二三日に本人へ行った聞き取り調査より。

*11　ta stek' のうち、ta はある事象や行為が引き続き継続中であることを示す接頭辞の働きをする。tek' につく s は三人称を表す [Laughlin 2010]。

コラム⑪

マリチュイ
——大統領選に挑戦した先住民女性

柴田修子

二〇二四年十月にメキシコ初の女性大統領が就任しました。候補者は三人いましたが、事実上、与党である国民再生運動のクラウディア・シェインバウム候補と野党連合のソチル・ガルベス候補の一騎打ちで、どちらが勝利しても女性大統領の誕生は確実でした。選挙の争点は前政権が進めてきた改革路線の是非であり、与党候補のシェインバウムが勝利したことで、これまでの路線が評価される結果となりました。対立候補のガルベスはイダルゴ州生まれの実業家で、二〇一八年から上院議員を務めていた人物です。父方に先住民オトミーの血が流れていることから、選挙キャンペーンでは先住民言語でのあいさつや先住民の伝統衣装であるウィピルの着用など、自らの先住民性をアピールしてきました。しかし企業家である彼女の公約は主に治安対策や経済活性化に向けられ先住民へのまなざしは見当たらず、仮に当選したとしても、先住民社会に資する政策が打ち出されたかは疑問です。

大統領選に挑戦した「先住民」女性は、ガルベスが初めてではありません。遡ること六年前、コミュニティを回って対話を重ねながら、大統領選挙を目指した女性がいました。このコラムでは、初の先住民女性候補マリア・デ・ヘスス・パトリシオ・マルティネス（通称マリチュイ）を紹介したいと思います。

マリチュイは、一九六三年にハリスコ州トゥスパンのナワ先住民コミュニティで生まれました。伝統医療に携わる祖母や叔母に囲まれて育った彼女は、幼い頃から自然に薬草の知識になじんでいました。彼女が十五歳の時に、母が下半身まひに陥り、医療機関にかかったものの効果がなく、村の伝統医療に頼ったところ歩行機能を回復したそうです。これをきっかけに本格的に伝統医療を学び、一九九五年には伝統医療の診療所を開設、以来地域の人々の健康に尽力しています。人権活動を始めるきっかけとなったのは、一九九四年にチアパス州で起きたサパティスタ民族解放軍による武装蜂起です。先住民の貧困をチアパス州というローカルな問題ではなくメキシコ全体の民主主義の不在と結び付けたこの運動は、やがてメキシコの先住民運動を大きく前進させることになりました。マリチュイは、一九九六年にサパティスタの呼びかけで開催された全国先住民フォーラムにトゥスパンの代表として参加しました。このときに自分たちと同じ問題を抱える先住民が全国にいることを知り、先住民同士の連帯の必要性を感じるようになったとのことです。フォーラムをきっかけに設立された全国先住民議会の創立メンバーの一人として活動を続け、二〇〇一年に行われた「大地の色の行進」と呼ばれる行進の際には、先住民女性を代表して国会演説を行っています。

二〇一七年全国先住民議会は、二〇一八年の大統領選挙に候補者を擁立することを発表しました。その候補者に選ばれたのがマリチュイで、無所属の候補者として立候補を表明しました。立候補はサパティスタの支持を受けており、大統領選の目的は権力を得ることではなく、権力の手段を利用して先住民の問題を可視化して市民社会とつなげることとされました。独立系候補者が正式候補になるためには、有権者の一％にあたる八六万人の署名を集める必要があります。マリチュイは四カ月かけて全国を回り、対話を重ねながら各コミュニティと情報を共有していきました。そして大企業の論理が先住民コミュニティを破壊していくことを批判し、市民社会と先住民コミュニティの連帯によるメキシコの再生を訴えました。残念ながら期日までに必要な署名を集めることはできず、初の先住民女性大統領候補の誕生には至りませんでしたが、署名の不正取得が横行するなか、彼女の署名は九三％が有効と認められており、強い支持があったことを示しています。

二〇二四年の大統領選挙には彼女の名前はありませんでした。立候補しなかった理由について新聞紙のインタビューに対し、現在の民主主義は、既存のものが守られるように巧妙にゆがめられており、下の人々が参加できる構造になっていないためと答えています。そこに参加するより、違うやり方で下からの声をつなげていくことの重要性を認識したとのことです［二〇二四年五月二四日付エル・パイス紙］。

かつて先住民女性は「先住民」で「女性」であることにより二重の差別を受けているとされてきました。一九九〇年代に入り、グアテマラの先住民女性リゴベルタ・メンチュウがノーベル平和賞を受賞したことや、サパティスタ蜂起後の先住民女性自身による慣習の見直しなどを通じて、先住民女性の問題は可視化されていきました。二〇二〇年の統計によると、先住民の非識字率は二〇・九％であり、女性は三五・六％と男性の十七・八％に比べると依然として高いままです。しかし就学率では男女差はほぼなくなっており、教育機会の格差は解消されつつあります。道のりは長くとも、マリチュイのような女性が当たり前に出てくる社会に向かっていることを願っています。

チカーナ・フェミニスト　グロリア・アンサルドゥーア

吉原令子

私がグロリア・アンサルドゥーアの代表作『私の背中と呼ばれるこの橋：ラディカルな有色人種女性たちの手記』（シェリー・モラガとの共編著）に出会ったのは、一九九一年にアメリカ合衆国（以下、アメリカと称す）の大学院（女性学専攻）に留学していた時のことです。一九八〇年代のアメリカは一九七〇年代のウーマンリブを発端とするフェミニズム思想や運動に対する激しいバックラッシュがある一方で、フェミニズム内では「白人の中流階級の異性愛主義の女性」たち中心の運動や理論に対して有色人種の女性たち、同性愛の女性たち、労働者階級の女性たちが声をあげ始めた時期でした。その風は一九九一年のアメリカの大学にもまだ吹いていて、大学院の女性学の授業では、アンジェラ・デイビス、ベル・フックス、パトリシア・コリンズといった黒人フェミニストたちの著作が取り上げられていました。しかし、その中で、私がアンサルドゥーアに惹かれたのは、白人／黒人、異性愛／同性愛、上・中流階級／労働者階級といった二項対立ではなく、ハイブリッドなアイデンティティを創出していたからでした。

アンサルドゥーアは一九四二年にアメリカのテキサス州南部で生まれ、自らを「メキシコ人を祖先に持つテキサス生まれのチカーナ・レズビアン・フェミニスト詩人であり、フィクション作家である」と定義します。スペイン系白人の血を引く父とメキシコの先住民の血を引く母との間に生まれた彼女は、二者択一では選択できない、複雑なアイデンティティを表現します。そして、「チカーノ／チカーナの友人からはラ・ラサ（チカーノ運動）に、黒人やアジア系の友人からは第三世界運動に、フェミニストからは女性運動に、同性愛者からゲイ運動に参加するべきだと言われる」[Anzaldúa 1983:205]と、そのジレンマを吐露します。また、自らが使う言語に関しても、「一．標準英語　二．労働者階級そしてスラング英語　三．標準スペイン語　四．標準メキシコ系スペイン語　五．北メキシコ系スペイン語の方言　六．チカーノ・スペイン語（テキサス、ニューメキシコ、アリゾナ、カリフォルニアで地域ごとに異なる）　七．テクスメクス〈＊1〉　八．パチューコ〈＊2〉（カロとも呼ばれる）」[五五頁]をあげ、英語／スペイン語という二項対立的構図に抵抗します。彼女は、二つないしはそれ以上の領域に同時に属する境界的な場「ボーダーランズ」で生きていることの葛藤と新しい可能性を詩とエッセイで綴った自伝的著書

『ボーダーランズ／ラ・フロンテラ：新しいメスティーサ』（一九八七）で発表します。彼女はその著作の中で、「境界、周縁で生きることは、複数的・重層的・移動的なアイデンティティの集合を無傷のままにしておきながら、新しい要素、『異質な』要素の中を浮遊しようと試みるようなものである」［Anzaldúa 1987, Preface］と語ります。

私は当時、フックスやコリンズの著作を読んでも何かピンときませんでした。「黒人フェミニストたちが言う性差別、人種差別、階級差別に対して、女であること、アメリカ社会では人種的マイノリティであることは共通点でしたが、私はいつか日本に帰る留学生。日本に帰れば、「日本人」というマジョリティであり、マイノリティではない。アメリカに留学できる身分であり、貧困という言葉からは遠いところにいる。そして、何よりも私は「完全」な英語を話すことができない。しかし、たまに日本に帰国すれば、変な日本語（日本語の中にたくさんの英単語を織り交ぜてしまう）を使い、周囲からは「アメリカ人みたい」と言われる」と、まさにボーダーランズを浮遊している感覚でした。しかし、何か一つのカテゴリーに押し込めようとしたり、そのカテゴリーに順位づけをしようとしたりするのではなく、「複数的・重層的・移動的なアイデンティティ」をそのままにしておきながら、その中を浮遊していてもいいこと、そして、そういったハイブリッドなボーダーランズに集まる人々との交流を通して新しいアイデンティティを構築していけばいいことをアンサルドゥーアは教えてくれたような気がします。アンサルドゥーアの著作は先述した八つの言語を織り交ぜて書かれているので、正直、とても読みにくいものになっています。しかし、その読みにくさこそがハイブリディティの表れでもあるのではないでしょうか。

アンサルドゥーアは二〇〇四年に他界しましたが、彼女が唱えるハイブリディティは、アメリカにいるチカーナたちだけではなく、メキシコ国境付近に住む女性たち、アメリカの裏庭と呼ばれているラテンアメリカにいる女性たち、そして、遠く日本にいる私たちにも届いているのではないでしょうか。その証拠に本書を手にとってくれている「あなた」がいるのだから。

＊一　スパングリッシュとも言うが、テキサス州では「テクスメクス」と呼ばれている。
＊二　英語やスペイン語のスラングをもとに造られた言語

第三章

フェミニズムにおけるアートとアクティビズム

岩間香純

1. なぜラ米のアクティビズムではアート（視覚表現、パフォーマンス）が重宝されている、されてきたのか？

フェミニズムにおけるアートとアクティビズムについて話すためには、まず、なぜラテンアメリカのアクティビズムではアート（視覚表現、パフォーマンス）が重宝されている、またされてきたかを考える必要があります。そこには、アートが可能にする四つのポイントが見え、さらにそれぞれがフェミニズムの価値観と合致することが見えてきます。

一つ目のポイントは、アートは匿名、そして共同や集団で表現することを可能にしてくれるということ。それは、政治的に不安定な時期や独裁政権が度々起こった地域で匿名や集団で抗議や表現する方法としてアートやパフォーマンスが用いられたきた歴史からうかがえます。

二つ目のポイントはアートとは即興性の高い表現を可能にするということ。その場所、社会的背景に合わせて、すぐにメッセージを発信でき、同じ作品やパフォーマンスでも、時代や場所に合わせて都度調整や再演が可能です。

三つ目のポイントはアートは言語に依存しない表現を可能にします。表現のヒエラルキーで言語（ロゴス）が完全で客観的（その言語がわかる者なら誰が読んでも同じ内容を理解できる）とされていますが、アートはある意味「主観的」であるが故、より多くの人に語り掛けることができます。また、教育への機会や受けられる教育の質が決して平等ではない社会で「言語」を最も優秀な表現方法だとすることは多くの人を排除しますし、差別になります。現在は「現代アート」という資本化された業界が確立されていますが、アートの本質に戻るとアートは自分の持っている言葉や感性で表現することです。それは本来、誰でもできることであると思います。

そして四つ目のポイントは、アートはお金をかけずに表現を可能にしてくれることです。もちろん、アートにお金はいくらでもかけることができますが（そして現に現代アーティストの中には膨大な制作資金をもって作品を作る者もいます）、アイディアと工夫次第で、体を使ったり身近な素材を取り入れていくらでも表現できます。

以上の四つのポイントを踏まえ、それがどのようにラテンアメリカのアクティビズム、とりわけフェミニスト運動の中で取り組まれてきたかをお話しします。


まず紹介したいのは一九九二年からボリビアのラパスを拠点に活動するアナルコ・フェミニスト・コレクティブ「ムヘーレス・クレアンド Mujeres Creando」。パフォーマンスやグラフィティーを中心に表現活動を行っています。メンバーの入れ替わりなども度々ありますが、マリア・ガリンド María Galindo（写真①）はずっと変わらず属しており、現在はダニッツア・ルナ Danitza Luna、エステル・アルゴージョ Esther Argollo の三人で活動しています。

ムヘーレス・クレアンドが制作した「ミラグローソ・アルタール・ブラスフェモ Milagroso Altar Blasfemo」という壁画があります（写真②）。この壁画は二〇一六年に初めて地元ラパスで描かれ、その後チリのサンティアゴ、

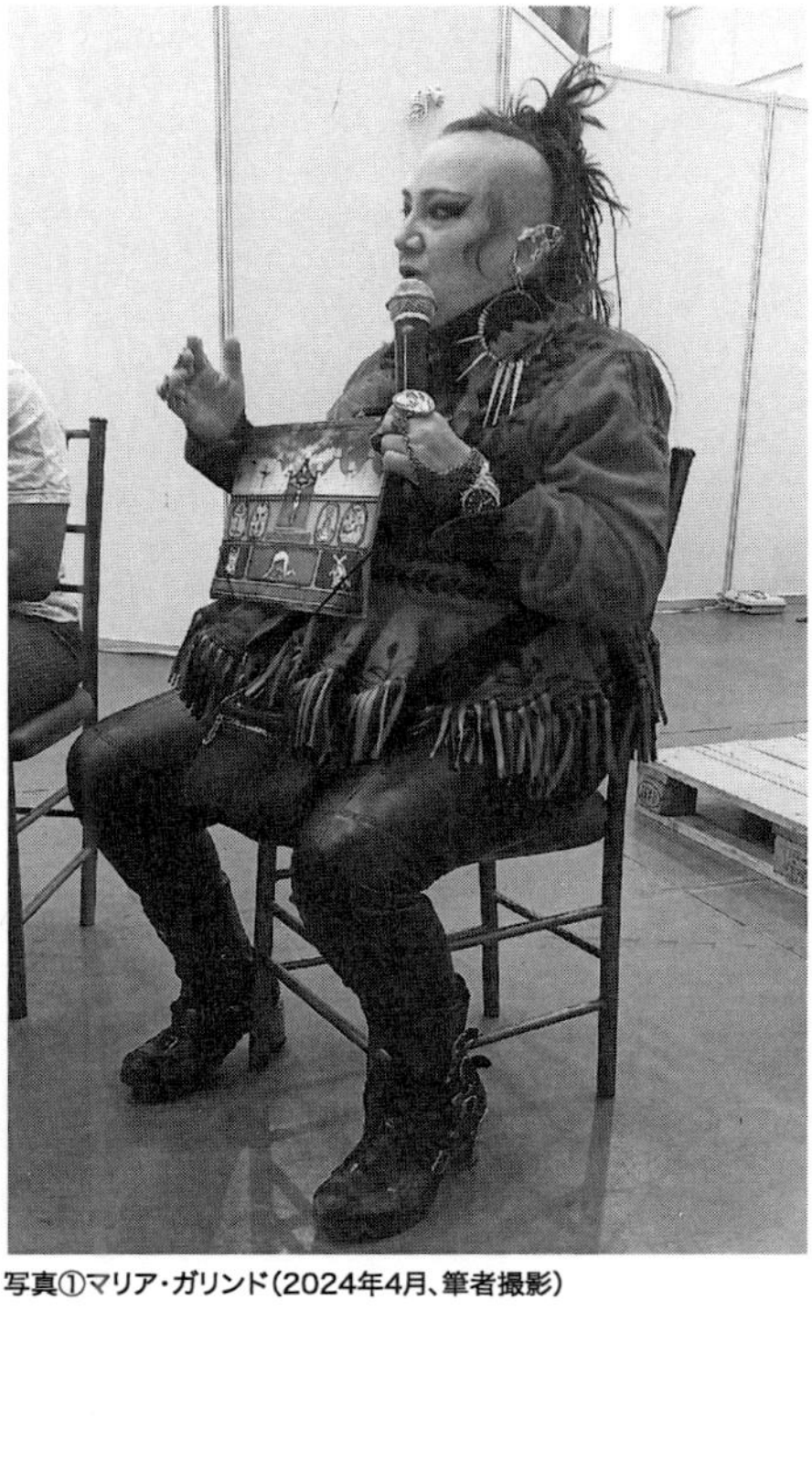
写真①マリア・ガリンド（2024年4月、筆者撮影）

エクアドルのキトでも描かれ、発表されました。キトでは二〇一七年にメトロポリタン文化センター（Centro Cultural Metropolitano）で開催されたグループ展に合わせて会場の屋上にある壁に描かれました。これに対しコンパニーア・デ・ヘスース Compañía de Jesús という教会（キトで一番古い教会）からクレームが入り、その後、作品がある屋上へ行く階段が立ち入り禁止になるという形で実質「検閲」されました。表現の自由や社会の中での「教会」の存在、とりわけ権威について大きな議論を起こした出来事でした。キトの壁画は恐らくもう白く塗りなおされてしまいましたが、これまでに三回描いてきた壁画だということを考えると、今後もまた別の場所で描かれる可能性は大いにあります。

2. 人々と公共空間の関係

次の話に移る前に、南米のアクティビズムの現場として注目される「公共空間」「路上」と人々の関係性について個人的な見解を述べたいと思います。エクアドルに関しては、路上でアクションを起こすこと自体には抵

写真②ミラグローソ・アルタール・ブラスフェモ（2024年4月、筆者撮影）

抗が少なく、一般市民、特定のグループ、市民団体が公共空間を使うことを「迷惑」などと批判することも少ないです。フェミニストのデモを「公道を塞いでいて迷惑だ」と批判してしまうと、今後アンチ・フェミニストのデモをしたい時に自分たちが公道を使いにくくなってしまうので、そういった批判はあまり見聞きしません（もちろんフェミニストが主張している内容についてはいくらでも言っていますが）。

フェミニストのリプロヘルスに関するデモがあれば、反人工中絶団体や宗教団体が主催する反人工中絶デモもあり、反政府デモもあれば、それに対抗する形の「平和のためのマーチ」もあります（デモなんてやめてみんな平和に暮らしましょう、という右翼寄りのデモ）。そのため街中の広場や歩道、車道では、さまざまな社会問題を訴えるデモがたびたび起こります。

公共空間を利用した過去の抗議活動の例を一つお話しします。それはアルゼンチンの五月広場（Plaza de Mayo）の母親たちです。独裁政権下、行方不明になった家族を探し続けた母親たちが集まって抗議していたグループがありました。彼女たちは目印として白いスカーフを頭に巻いて、行方不明の家族の顔写真などを持って毎週五月広場に集まり、静かに抗議を続けていました〈＊1〉。その創立メンバーとも言われるノラ・モラーレス・デ・コルティーニャス Nora Morales de Cortiñas さんが二〇二四年五月に亡くなりました。彼女は一九七七年から絶えず長男を探し続けていました。

五月広場の母親たちがお互いの目印として利用した「白いスカーフ」というアイテムへのオマージュとも言われているのがラテンアメリカで広がった「バンダナ」を運動の象徴として利用する現象です。たとえば、リプロヘルスの権利と正義に関する運動「みどりの波（Marea Verde）」はみどり色のバンダナがシンボルとなり、デモにはそれを身に着けて参加する人が急増し、いまでは定番のフェミ・アイテムとなっています。一九七〇年代のアルゼンチンの女性たちから継承したこの「バンダナ」は運動のシンボルになるだけではなく、それを身に着けた人々が集まることで視覚的に運動の大きさ、強さ、連帯を表現することができます。ラテンアメリカのフェミニストのデモにはキトでも一万人集まることがありますが、一万人のほぼ全員がみどりのバンダナを身に着けていることを考えたら、かなりインパクトの強いビジュアルです。バンダナとは非常に安価に手に入れることができるものでもあり、いろんなアクションや運動の場面で誰でもすぐ取り入れることができる優れモノです。

路上でのアクション、アートとアクティビズム、みどりのバンダナが集結する例をご紹介します。それはチリのバルパライソ出身の女性四人で結成されたフェミニストアートコレクティブ「ラステシス LASTESIS Colectivo」です（現在二人で活動中）。パフォーマンスを中心にアートを通してフェミニズムの思想を表現し、社会変革を目指す活動を行っています。二〇一九年十一月に起こったチリの大規模な全国デモ期間中に披露した路上でのパフォーマンス「あなたの道行くレイプ犯（Un violador en tu camino）」がインターネットを通じて注目を受け、世界各地でさまざまなグループによって再現されました。インターネットで検索すると、いろんな国でフェミニストたちがそれぞれのデモや抗議の場でこのパフォーマンスを行っているのを観ることができます。このパフォーマンスをする時、たくさんの人がみどりのバンダナを身に着けて参加しました。これはラステシスが指定したわけではなく、ラテンアメリカにおいて、フェミニズムを表現する場面でやはりみどりのバンダナが一つの象徴として機能していることを証明しています。パフォーマンスはジェンダー暴力の主犯は警察組織、政治家など国家であり、暴力とはつまり体系的なことであることを、リタ・セガート Rita Segato が提示した暴力論などを参照して制作されました。リタ・セガートの本や論文を読んで理解することができない人がいる中（また、私の知る限り日本語に翻訳されていないことを考慮すると）ロゴス（言葉）ではなくアートという表現言語を使ってその理論はわかりやすく広がり、たくさんの人と共有されることで読んだことのある人もない人も共通認識で議論をすることができるということが、このパフォーマンスが広まり、共感を生んだ理由の一つだと考えています。

ラステシスはどのようにして難しい理論や言葉にしにくいトピックをアートに転換するのでしょうか。それはラステシスが生みだした「コラージュの手法」と名付けた方法でコンセプトや素材を一つの作品に作り上げていくスタイルで行います。二〇二四年の四月に私もキトでラステシスのワークショップに参加する機会がありました。そこではラステシスが投げかけた質問や議題について参加者全員で対話を行い、次にその対話からそれぞれが思いつく言葉やフレーズを書き出し、複数の参加者同士でグループになり、個人的に書き出した言葉やフレーズを今度はグループで並び替えながらスローガンを作り、そのスローガンをダンスやビジュアルで表現するというコラージュの方法論のプロセスを体験しました。こうして大勢の人が一緒に考えや感情を少しずつ視覚的、または身体的な方法で表現することができました。

アートを通したアクティビズムに意味はあるのか？　私はあると思います。実際にラテンアメリカのリプロヘルス拡大運動は世界でも著しく進展していて、現在コロンビアでは妊娠二十四週目まで中絶が可能になり、世界一中絶に関して規制が緩和されている国です。これもすべて、長期的に運動を続けてきた成果であり、ラテンアメリカのリプロヘルス運動の勢いと影響力は世界の専門家も注目するものとなっています。そこに少なからず、フェミニストたちのアートを用いたアクティビズムも貢献しているのではないかと思います。

アメリカの新聞、ワシントンポストのある記事があるのですが、タイトルが「政治家たちはラティーノを反中絶姿勢だと勘違いしていた（Politicians assumed most Latinos were antiabortion. They were wrong.）〈＊11〉」となっています。内容は、以前は反中絶派が多かった北米のラティーノ人口に変化がうかがえ、特に若者の間では中絶に対して賛成を含む多様な姿勢が見受けられるというものです。記事内には、その変化の要因を米国社会や文化に同化（assimilate）するほど中絶を含む社会問題に対して考えが変わる（先進的になる）と分析されていました。個人的には「アメリカに染まるほどリベラルになっていく」という安易な分析には納得できません。なぜなら、リプロライツ運動に関して世界で最も勢いがあるのはラテンアメリカだというのに、ラティーノ人口の傾向の変化をアメリカ社会の影響と言い切ってしまうのは腑に落ちません。

3. アートアクティビズムを意識した実践「生きた方法論（Metodologías Vivas）」

これまでお話したアートがアクティビズムにおいて重宝される四つのポイントや公共空間との関係を論理化してまとめた実践方法があります。それはアーティスト、教育者であるパオラ・ビテリ・ダビラ Paola Viteri Dávila、ベレン・サンティジャン Belén Santillán、とアンドレア・サンブラノ・ロハス Andrea Zambrano Rojas の三人が考えた「生きた方法論（Metodologías Vivas）」という方法論です。

この方法論には三つの軸があります。それは①フェミニスモ・コムニタリオ（共同体フェミニズム）の理念やブラジルのパウロ・フレイレの教育学（Educación popular）の考えを基にしている、②「教える者対学ぶ者」という構造を取り払い、平等な立場で向き合い、身近にあるモノで共同的に知識を作り出す、③特に「遊び」の重要性を肯定し、積極的に取り入れる。遊びは上下関係を取り払い同じ目線の関係性を築くために有効で、自己ケアになると考える、になります。

「生きた方法論」を実践する目的は大きく分けて二つあります。一つ目は「はく奪されたものを取り戻す（Recuperar el despojo）」こと。それは、資本主義と家父長制の社会で生活する私たちから奪われる幼少期、歴史、アイデンティティー、思い出や記憶、自分史や系譜、言語、能力などを取り戻すための行為。そして二つ目は「抑圧からの解放（Liberación de las opresiones）」です。それは、公共空間の自由な利用を妨げる圧力や制度からの解放、（制度化された資本的な「芸術業界」から）自己表現力を取り戻すことでアートを多くの人へ解放すること、人々を分断することで社会変革を阻止しようとする社会でガラパゴス〈＊11〉の様な生きた多様性の中で親密な関係性を築くことが抑圧からの解放に繋がるという考えです。

この「生きた方法論」を実際に取り入れたプロジェクトがあります。それは「生きた方法論」を考案したアーティストたちとエクアドルで活動するフェミニスト団体ムヘーレス・デ・フレンテ Mujeres de Frente（女性戦線）が一緒に二〇二二年に実施した「マニフェスト：水の時代の鮮やかな繭《まゆ》(Manifesto: Tiempo del Agua en Vibrantes Capullos)〈*四〉」というワークショップシリーズです。ワークショップでは公共の広場に出て絵を描きながら記憶を辿ったり、劇場でいろんな衣装に着替えながらアイデンティティーについて考えたり、集まったこのグループに存在する多様性について考察する内容でした。

ワークショップでは参加者が一緒に考え、対話しながら自分たちの歴史やアイデンティティー、参加女性たちが日頃から経験する差別とそれを作り出す社会制度、フェミニズムについての思想を作り上げてそれを共同的に表現しました。使った材料も、布、えんぴつ、絵具、土、自らの体など身近で親近感もあるものを中心に展開することで、アートは西洋基準で定められた「才能」や学歴で証明される「専門性」を持った限られた一部の人々が取り組むものではなく、誰もが表現することが可能であるという考えを体現しました。ワークショップを終えた最後には成果展を開催し、ワークショップから生まれた参加女性たちの考えや発見、変化をたくさんの人に観てもらうことができました。

4. さいごに

アクティビズムは変化をもたらすための行動だとしたらその第一歩は一人一人の意識の変化です。そのため、アートは自分の考えや気持ちを整理する方法になります。整理された考えや気持ちを、今度は対外的に発信する方法としてアートは機能します。またアートは、人と人をつなぐ方法にもなります。そこから大きなうねりを生み出すことを可能にしてくれ、社会を変えていくことができます。アートはこの流れの中のすべての工程で重要な役割を持ちます。だからこそ、ラテンアメリカのフェミニズム運動ではアートとアクティビズムが融合していき、大きな成果をもたらせているのではないかと思います。そして、ラテンアメリカのフェミニストやアーティストがこうして活動しながら社会を変えてきた歴史から、これからの日本を考える上で参考にできることはたくさんあるのではないでしょうか。

質疑応答

柳原恵（コメンテーター） ラテンアメリカにおけるフェミニズムとアートの結びつきというものが非常によくわかるご報告でした。私がチリに住んでいたときに驚いたのは、市民によるフェミニズムに関わる運動、そしてフェミニズム以外の市民の運動の中にもアートが効果的に使用されているということでした。当時、チリの大学では、セクハラへの抗議運動がフェミニストたちによって行われており（本書コラム⑯参照）、チリ大学のキャンパス内がフェミニスト的なアートで覆われました。急に、教室の白い壁にフェミニスト的なグラフィティが描かれたり、もし日本の大学でこんなことやったら怒られるだけじゃすまないよね、っていうような感じで、驚くとともに、社会運動の主張の手段にアートが用いられることに大変刺激を受けました。アートとアクティビズムのこの垣根のなさ、それぞれがそれぞれのために使われる、そのような状況がラテンアメリカの社会の背景と合わせてよく理解できました。

また、昨今フェミニスト地理学では、都市空間や公共空間というものが「みんなのため」の空間ではなくて、実はある特定の人びと、つまり社会の中のマジョリティ、健常者であり成人であり男性であり、そして経済活動に従事する人びとのために作られているということが指摘されています。例えば東京の電車にはベビーカーを押して乗りづらいという問題も、ここからきています。アート・アクティビズムは、そのような、実は偏った作られ方をしている公共空間をフェミニスト的に読み替えて取り戻す実践でもあるのだと思いました。日本でもさまざまなアートとフェミニズムの結びつきがあり、例えば手芸を使ってフェミニスト的なメッセージを作っている「フェミニスト手芸グループ山姥《やまんば》」というグループがありますが、そういった日本のフェミニスト・アート実践とも結びつけて考えられる示唆に富む報告だったと思います。

最後に質問ですが、ラテンアメリカのアート・アクティビズムは、同じ空間に集い、空間をともにしながら活動していくということが大事にされているのかなという印象をもちましたが、コロナ禍において「ともに集う」ことが制限されていた中では、どのような活動があったのかということをお聞きしたいです。

岩間香純　はい。ラテンアメリカのフェミニスト・アクティビズム、アート・アクティビズムでは仲間たちが集まって空間を共にして一緒に行動することが大事にされているという事情、集まることが出来なかったコロナ禍において、フェミニズムの活動はどうなるものがあったのかという質問があったんですけど、実際に、私のプレゼンテーションの中にも出てきたラステシスは、ネット上で映像を送って下さいという呼びかけをして、それで届いた映像で一つの映像作品を発表していました。その時に彼女たちが指定したのは、映像は台所で撮影すること。コロナ禍において家で生活しなきゃいけなくてDVから逃れられないという状況を表現して下さいという指定でした。それで二〇人ぐらいから映像の提供があって、それをつなげて、ラステシスが作った歌の歌詞をのせて、映像作品として発表するという活動がありました。なのでネットを使ったつながり方をしていたアーティストも多いかと思います。エクアドルに関しては、エクアドルってコロナの時、多分南米では一番小さい国なのに、南米で一番コロナの感染者数がすごかった国だったんですよ。なのでもう大パニックで、ほんとに外に出られない、出たらもう死ぬみたいな空気の中過ごしていて、もちろん経済活動も止まっちゃって仕事行けないみたいな人が増えて、なんかこんなことといったら本当に元も子もないんですけど、アートどころじゃなかった、みたいな感じだったんです。今日一日生きていくのがやっと、みたいな状況だったので、ネットを使ってでもアートを続けるっていう余裕がなかったという印象がありますね。でもやっぱり私がすごく感じる南米のフェミニスト・アクティビズム、まあ、アクティビズム全般にも言えると思うんですけど、やっぱり人と一緒に空間と時間を共有するっていうのが前提で生活が成り立っているので、コロナはたぶん、すごくたくさんの人が苦しかったんだと思います。何も出来ないもどかしさがあった時期だとは思います。どんな社会活動でもやっぱりみんな足を運んでその現場に行くのが、というか、そうしなきゃいけない、いられないみたいな感じなので、ほんとにコロナはそういう意味でも大変な時期だったなと覚えています。で、私は私で妊娠していたのでさらに外に出たら自分も死ぬし子どもも死ぬし、みたいな恐怖感でなかなか外には出れなかったんですけど、ま、そんな感じでしたね。

一般質問　本日は刺激的な企画をありがとうございました。日本ではストリートが完全に管理され、しかも公園廃止を訴えるような市民の動きもあり、デモという表現自体にも抵抗が大きい現在、ラテンアメリカ的アートコレクティブは難しそうだと感じていますが、岩間さんはエクアドルからアーティストを日本に呼ばれたり、様々なアートアクティビズムを日本でも展開されておられています。そうしたご経験から、日本で社会の変化を促すような市民によるアートコレクティブを展開するヒントは何だと思われますか？

岩間　ありがとうございます。ええ、私もなんかこれまでぼーっと生きてきた人間なのでアドバイスできる立場じゃないんですけど、公共空間との関係性を一度考えないといけないのかなと思います。日本だと公共空間を利用せず過ごすことができるじゃないですか。一人でいたかったら漫画喫茶に行けばいい。カフェがたくさんあるとか。あんなに人口密度が高い国なのに誰とも話さず一日を過ごせるみたいな生活が可能な社会なので、どうしてそうなったのかとか、どうすれば公共空間との関係性を作れるのかっていうのをやっぱり一度考えないといけないのかなって思いました。あと、私のプレゼンでも言った(日本はエクアドルに比べて)お金がある国っていうのがすごくポイントになると思います。エクアドルだとやっぱりお金使わずに友達と遊びたいみたいな感覚、というかそれが優先なので、必然的に公共空間とかプラサ（広場）とか公園とかちょっとベンチのある路上とかを利用します。この間も電話で「あそこのベンチで会わない?」と友達に誘われたんですけど、いかにお金を使わず生活をするかみたいな、やっぱり公共空間との関係性が違いますよね。まず公共空間との関係性を再考してどう使うかっていうのを日本の文脈で考える必要があるのかなぁって思いました。

あと、デモに関しては、二〇二三年の東京ウィメンズマーチに参加したんですけど、やっぱり数の勝負ですよね、デモって。エクアドルだと、ウィメンズマーチには一万人ぐらい集まるんですよ。もちろん東京の人口密度ってエクアドルの人口密度と全然比べものにならないんですけど、だから渋谷で三〇〇人で歩くって、ほんとに周りの方が人が多い、参加してない人の方が多い。それをすごく肌で感じるんですよ。自分たちは少数派だっていうのが。やっぱり数を増やすっていうのはほんとに単純なことだけど、それだけでなんだろ、勇気づけられるとか、じゃあ私は次行ってみようとか、次「も」行こうとか、そうやって一人ずつ、やっぱり一人一人の意識を変えていかなければいけないなって（東京ウィメンズマーチに）参加して感じました。自分の身体を使って、場所に行って、ただ歩くだけっていう行為でも、ひとつひとつ重ねて自分の身体で出来ることの可能性をどんどん取り戻していかなければならないな、というのを参加して感じました。で、このアートコレクティブとしてやれることって、まず小さいことでいいので、始めるっていうのがすごく大事だなって思います。私、東京で活動している「山姥」っていう手芸グループの方たちと仲良くさせてもらってるんですけど、やっぱり、彼女たちも自分がやってみたいっていうとこから始まって、今はすごくいろんな活動を、ほんとに二〇一九年ぐらいから始まってから五年ぐらいですごく活動が広がっていって、でも始まりは、ほんとにただ二人で集まってこれがしたい、やってみたいってところが始まりだったので、なるべくお金を使わない方法を探すとか、そこからまずクリエイティブな発想が生まれるので、小さいところから自分がただやりたいって気持ちだけではじめて、オンラインだけではなく、やっぱり移動して、身体を使って、人と目を合わせて、会うところから始まるのかなと思って。南米の運動とかフェミニズムのことでよく、（日本の人に）「どうすればこんな大きくなるんですか」みたいに聞かれるんですけど、南米の運動も一回でこんなに大きくなったわけではなくって、何十年も、ほんとに小さいところから始まったと思うので、今は大きく見えるかも知れないけど、すごく地道な努力があって今があるっていうのをまず最初に踏まえておくべきだなって思います。

＊一 ここでは語り切れませんが、アーティストの声掛けで始まった、五月広場の母親たちとほかの市民を巻き込んだアートを通した抗議活動に「エル・シルエタソ El Siluetazo」というものがあります。それについてはこちらの投稿をご覧ください：https://note.com/kiwama/n/n2a49b51bd8bb

＊二 https://www.washingtonpost.com/nation/2022/11/03/latino-voters-abortion-rights/

＊三 ガラパゴス諸島はエクアドルの領土。独自の進化を辿りほかでは見れない素晴らしく多様な生態系を生み出したことで有名。エクアドル人にとって、ガラパゴスは誇りであり、愛されている場所。そのため、日本語で度々耳にする「ガラパゴス化」という表現がとりわけネガティブな意味で使われていることにエクアドルに移住し、ガラパゴスを実際訪れてから疑問を感じるため、個人的にはそういう表現は使わない。

＊四 https://www.instagram.com/manifiesto_tiempo_del_agua

コラム⑬

武装解除の美学――メキシコの女性映画コレクティブ

新谷和輝

二〇二二年十月、チリに留学していた私はチリ南部の都市バルディビアで開催されるバルディビア映画祭に参加していました。バルディビア映画祭はラテンアメリカの数ある映画祭の中でも有数の長い歴史と良質な上映プログラムを誇っていて、男性がプログラマー（作品選定者）やディレクターの席を埋めつくすことが多い日本の国際映画祭とは異なり、女性プログラマーたちが活躍しているのが印象的です。二〇二二年の映画祭の目玉はメキシコの女性映画コレクティブ（Colectivo Cine Mujer）特集でした。一九七〇年代からおよそ十年間にわたってメキシコで活動したこのコレクティブについて私は事前に全く知りませんでしたが、映画祭に来ていたコレクティブのメンバーたちによるシンポジウムが催されていたので出席してみました。二時間ほどのシンポジウムでは、映画祭代表から長年映画批評や映画史から冷遇され、ほとんど見直されてこなかった彼女たちの作品をやっとデジタル化できたことの喜びが語られました。メンバーひとりひとりが結成理由や集団で活動することの意義、影響を受けた映画などについて話す言葉はどれも力強く、誇りに満ちていました。翌日の上映に行くと、客席は満席で熱気で一杯です。上映作品を見てすぐ、これはラテンアメリカの映画史やフェミニズムを知るうえでとても重要な映画だと感じました。

女性映画コレクティブの試みがいかに貴重であるか、ラテンアメリカ映画史を簡単に振り返りながら考えてみましょう。一九五九年のキューバ革命以降、ラテンアメリカ全体で映画によって社会を変えようとする映画運動が広がりました。運動が残した数々の傑作やラテンアメリカ各国の文化的紐帯は非常に重要ですが、この運動を担っていたのはほとんどが男性でした。発表される作品の監督、映画雑誌に掲載される批評や理論の書き手、運動の方針を話し合う映画祭の会議の参加者、これらはほぼ全員が男性です。

もちろん女性映画人もいました。キューバ映画最初の女性監督だったサラ・ゴメス Sara Gómez や、コロンビアで活動していたマルタ・ロドリゲス Marta Rodriguez はその代表です。彼女らの作品は当時の政治映画に男性の視野からは除外される者たちを導きました。または、チリで革命映画運動に参加し、一九七三年の軍事クーデターによってすべてが崩壊したあと、亡命先で運動を振り返るエッセイ的作品を発表したマリルゥ・マレ Marilú Mallet やアンヘリナ・バスケス Angelina Vázquez もいます。

近年再評価が進んでいる彼女らの作品は、男性主体の硬直した運動をほぐした点で、または映画運動のその後を考えるうえで重要です。しかし彼女たちの活動が個別の映画作家として評価されがちなことを考えると、メキシコの女性映画コレクティブが女性の問題を女性たち自身が集団的に思考し、映画によって社会に問おうとしたこと、つまり独自の女性映画運動を形成したことの意義は際立っています。このコレクティブはメキシコ国立自治大学の映画研究センターの生徒であったロサ・マルタ・フェルナンデス Rosa Martha Fernández、ベアトリス・ミラ Beatriz Mira、オディール・ヘレンシュミット Odile Herrenschmidt らによって一九七五年に結成されました。一九七五年はメキシコで世界女性会議が開催された年であり、またアメリカ合衆国ではフェミニズム映画理論の記念碑的論文「視覚的快楽と物語映画」がローラ・マルヴィによって発表された年でもあります。コレクティブの代表的存在のフェルナンデスは日本を代表するドキュメンタリー監督土本典昭のもと日本で教育テレビの撮影に参加した経歴もあり、この時期に目覚めたフェミニストとしての意識がメキシコでのコレクティブ結成を決意させました。

コレクティブ最初の作品である『女のこと（Cosas de mujeres）』（一九七五―一九七八）では、非合法の中絶手術の危険性と中絶の権利について、フィクションとドキュメンタリーを融合させた挑戦的なスタイルによって語られます。映画祭で見た時は、中絶手術のシーンのどす黒い画面とそこにこだまする悲痛なさけびに圧倒されました。他にも、女性の家庭内労働を批判的に取り上げた『台所の悪習（Vicios en la cocina）』（一九七八）、路上の売春婦たちの日常に迫った『好きでやってるわけじゃない（No es por gusto）』（一九八一）、オアハカの先住民サポテカの女性組合活動に密着する『ジャラテカ（Yalatecas）』（一九八四）など、どの作品でも女性の切実な問題が集団的かつ親密な視点から記録されています。

フェルナンデスは、自分たちの女性映画はアジテーションとしての戦闘性を確保しながら主流の社会のコードやシステムを武装解除（desarmar）するのだと各所で言っています。先に挙げた男性主体の映画運動が映画を「銃」と喩えがちなのを考えると、女性映画コレクティブにはその文脈を引き継ぎながら解体する戦略があると言えるでしょう。彼女たちの映画はバルディビア映画祭のＷｅｂサイト（https://playfkvaldivia.cl/coleccion-colectivo-cine-mujer/）から見られますし、日本でも二〇二五年一月に国立映画アーカイブで公開されましたが、今後も上映会を開くことでその集団的な映画の実践を分かち合いたいと思っています。

コラム⑭

生きることを歌う、生きるために歌う
——女性解放を歌う手法

水口良樹

国家を、空を、ストリートを震撼させる／裁判官や司法官僚は何を恐れているのか／今日、奴らは私たち女性から平穏を奪い／恐怖を植え付け、翼を生やす／毎週分刻みで／私たちの友人が連れ去られ、姉妹が殺され／彼女たちの体が壊され、行方不明となる／彼女たちの名前を忘れないでください、大統領／…／私たちは恐れることなく歌い、正義を求める／失踪者一人一人のために叫ぶ／「あなたに生きていてほしい」との声が大きく響きわたる／フェミサイドをぶっつぶせ

［ビビール・キンターナ**「恐れのない歌」**二〇二〇］

ラテンアメリカでもっとも有名なフェミニズム歌謡は「恐れのない歌（Canción sin miedo）」でしょう。二〇二〇年にビビール・キンターナ Vivir Quintana が作曲してメキシコシティで初演された後、瞬く間にラテンアメリカ各国へと広がり、地名と名前を入れ替えることでそれぞれの地域でのフェミサイドが固有の記憶を共有する土地土地の曲として歌い継がれることになりました（資料参照）。その歌詞は、チリの二〇一九年のラステシスのパフォーマンス「あなたの道行くレイプ犯（Un violador en tu camino）」に相通ずる、性暴力が社会の構造の中で起こるべくして起こっていることへの怒り、そして暴力を赦免する警察、裁判官、大統領（国家）をそのシステムの共犯者として断罪しながら、そういう社会を変えていくのだという怒りと宣言が歌い上げられています。そして何より、みんなで集まって歌える歌がある、自分たちの思いを歌という形で共有できる時間、つながっているという体験は、個々に分断されがちな「女性」にとってどれほど救いとなり得るか、想像に難くありません。

同時にこうした流れが結実したのは本当に最近のことであり、これまで女性やサポーターたちが歌い続けてきた長い闘いが、ようやく実ったと言えるでしょう。

こうした過激な叫びの歌は、自らを安全地帯におく男性にとっては居心地の悪いもので、時にフェミニズムバッシングのトリガーともなりえます。トーン・ポリシング（告発の口調などを非難することで提起された問題をズラし被害者のように振る舞うことで声を上げた人自体を逆に非難する行為）の格好の口実になるというわけです。しかし、だからといってお行儀良く周りの人に不快感を与えないように歌われた「啓発」の歌は、右から左へと素通りして社会に爪痕を残しません。透明化された問題／傷つきを可視化するためには、無関係を装う人々をゆさぶり「準当事者」へと巻き込むことが最初の第一歩であり、反射的な反発を越えて問題をまず知り、考えるきっかけとなって欲しいという叫びがそこにはあるのだと理解する必要があります。

同時にこうした運動は、常に攻撃的に振る舞っているわけではありません。グアテマラのレベカ・ラネは、グアテマラ虐殺で親族が軍に殺されており、自身はアナキストであると宣言しているフェミニスト歌手で、非常に強い語調で歌うスタイルで有名です。しかし「赤い花（Flores Rojas）」（二〇二二）では、女性の身体、特に生理について、恥ずかしい隠すようなものではなく、命を育む非常に素晴らしい身体の神秘であると歌うものになっています。同時にそれによっておこる身体的・心理的な不安定さも含めて祝福することで、多様な「女性である」ということ自体を非常にポジティブに捉え、それを若い世代に伝えていこうという強い意志が感じられる曲となっています。動物の一種としての人間、自然の一部としての人間、そして暴力や理不尽と闘いつつ、楽しく生きること、生きる中で世界とつながることの意味を問いなおす作品は、私たちにたくさんの学びと気づきを与えてくれるものとなっています。

またプエルトリコのカジェ・トレセ Calle 13 のサポートメンバーでもあった歌手イレ iLe は「おまえは恐れる（Temes）」で

おまえの嫉妬が私の背中を刺すならば／それは私が一人でいたせい／おまえの怒りが私の頭を撃ち抜くならば／おまえはどうして恐れるのか／私の自由がおまえに剥奪《はくだつ》可能なら／私の身体がお前の気まぐれ次第というのなら／私の影がつねにおまえの後ろにいるのなら／どうしておまえは私を恐れるのか

［イレ**「おまえは恐れる」**二〇一九］

と路上で縛られ下着をおろされ横たわった姿勢で男性に問いかけます。その情景から絞り出されたこの言葉は、激しい罵声以上のメッセージを私たちに突きつけています。フェミサイドやＤＶは、「ちょっとした暴力」ではありえない、完全な権力関係の確認と制裁、そして嗜虐的な娯楽として存在するものなのだ、ということを。そして、ストリートも家も、学校も病院でさえも安全地帯ではない時、女性は連帯こそが自らを守る命綱とせざるを得ない状況を生きているのです。それゆえ、家の内外で娘が無事であるようにという母親の祈りにも似た歌が各地で数多く作られてきたのです。

コロンビアのグループ・ニーチェ Grupo Niche は、一九八五年にサルサ「アナ・ミレー Ana Milé」で、〈やり捨て〉られてシングルマザーとなり全ての将来設計をつぶされ絶望する少女に向けて歌います。お前の未来は終わっていない、まだ世界は色を失ってはいないと。筆者はパーティでこの曲が歌われる情景を想像します。きっと女性たちは踊っている相手を「この男は大丈夫だろうか」と思わず眺めるでしょう。歌は語りかけます。見捨てないと。アナの母親は彼女に対して気をつけろという忠告をしましたが、本当は気をつけること自体が女性にいかほど負担になっているか、その構造をこそ変えていかねばならないのです。

フランスで生まれ、チリで活動している女性ラッパー、アナ・ティジュ Ana Tijoux は「反家父長制（Antipatriarca）」で、力を奪われてきた女性たちへ、自らが主人公《プロタゴニスモ》である人生を取り戻せと歌います。制度内の〈不協和音〉となり、変化をうながす自律／自立した存在としての女性の在り方、それこそが家父長制を解体するということなのだと。

私は世帯主になれる／会社勤務にも知識人にも／私は私たちの物語の主人公になれる／それは人々やコミュニティをかき回すもの／隣人たちを目覚めさせるもの／経済を組織するもの／…／素直でも従順でもない／屈強な反逆者の女性／独立心と勇敢さ／無関心の連鎖を断ち切る／受動的でも抑圧的でもない／命を与える美しい女性／自律性の中で解放される／反家父長制と喜び／解放する、解放する

［アナ・ティジュ **「反家父長制」** 二〇一五］

このようにフェミニストたちの歌声は、多様なポジション、そしてそれぞれのまなざし、問いの響き合いが互いを補完し合うかたちで、立体的に「女性」の生と現状、そして希望への道が綴られ、より広い層に波及してきました。そしてそれらの想いが世代を超えて手渡されてきた結果、透明化された女性たちがもはや無視できない形で連帯する場を音楽を通じて作ることが実現されたのだと言えるでしょう。日本でもそんなふうに女性たちが声を合わせて歌う、連帯と宣言の賛歌が響く場を実現できる日が来ることを祈り、そういった活動をみんなで作り、支えて行けたらと思います。

（※引用した歌詞の訳は全て筆者による）

モンセラート・サゴによる中米の現在とフェミニズム

高際裕哉

ラテンアメリカでは、共同的な知を編み社会を作る試みにおいて研究機関と市民運動の関係が近い印象を受けます。例えばラテンアメリカ社会科学評議会（CLACSO）です。CLACSOはユネスコの主導により一九六七年に設立されました。CLACSOの公式サイトでは女性問題、フェミニズムのみならず広くラテンアメリカの社会とその問題を理解するのに有益な論文・著作が無料で公開されています。

本稿ではCLACSOが二〇二三年に公開したインタビュー集から、コスタリカの社会学・人類学者モンセラート・サゴ Montserrat Sagot の「新自由主義、権力、そしてフェミニズムズ（Neoliberalismo, poder y feminismos）」を扱います〈＊1〉。二〇〇四年、コスタリカ大学が同国の家庭内暴力の社会疫学的調査を発表した際、サゴはその最終報告書の著者でした。サゴは中米地域を中心にラテンアメリカにおける社会調査とフェミニズム運動の橋渡しをする点で重要な人物です〈＊1〉。

インタビューの中でサゴは、中米の過酷な暴力的状況に焦点をあてます。暴力と経済状況が理由で米国へ逃れていく人々の流れはとまらず、フェミサイドを含む殺人の割合が世界的に見て非常に大きいこと、貧困率が高く栄養失調の状態を多くの子どもや人々が経験している現実があります。その状況にフェミニズムが何を果たしてきたか、何ができるかを述べています。

グアテマラ、エルサルバドル、ニカラグアの内戦が一九九〇年代に一応の終結を見せました。しかし、内戦後の和平・民主化の過程において、植民地時代の遺制としての不平等な社会状況、人種主義を是正する方策がとられず、民主主義の道が開かれなかったことが、今の状況を生み出したとサゴは述べます。民主主義を人々に根付かせる代わりにとられたのが、新自由主義的な方針でした。新自由主義とはこの場合、経済領域に絶対的な自由を保障し、政治に介入させず、公共財を私有化し売り払い、そこで生み出された富の再分配を許さない徹底的な市場化のことです。社会的なものを認めず利潤を追及し富める者だけが富んだその結果、公共サービスが崩壊し、搾取、貧困（中米の市民の五〇％が貧困、うち三〇％が極度の貧困）、飢餓（栄養不足が深刻）が広がります。一方で薬物や人身売買などの違法経済が成長し、権威主義的な体制に携わる者たちへの法的な無処罰が常態化します。同時に宗教原理主義が、市場原理と権威主義的な体制を支える装置として力を得ます。

合法であれ、人身売買や依存性薬物売買の非合法の世界であれ、経済活動の内部で、剥《む》き出しの資本主義、あるいは簒奪《さんだつ》に基づく富と権力の過剰な集中が起こる状況にあっては、国家や社会、違法組織は再男性化（remasculinización）、もしくは超男性化（hipermasculinización）するのだと、サゴはヴェロニカ・シールド Verónica Schild らの言葉をひいて説明します。富が、男性であって権力を持つものに集中すると、ジェンダー間の公正は損なわれ、権力と暴力を独占する男性を中心とした原理が世界を支配します。そのような状況で女性、子供、老人、障害を持つものに対する暴力・殺人は偶発的な事態ではありえません。それは社会が構造的に生み出し続ける不平等と不公正さの帰結であり、またその論理の発露です。

社会的な不平等が進むにつれ、また新自由主義が先鋭化し、搾取の度合いを深める段階において、女性への暴力は過酷さを増します。このことをサゴはポルトガルの社会学者ボアヴェントゥーラ・デ・ソウザ＝サントス Boaventura de Souza Santos の概念を借り、「社会的ファシズム（fascismo social）」の状態だと呼びます。その状態とは、排除、社会組織の深い亀裂、永続する暴力により、社会、ジェンダー、人種といったあらゆる種類の不平等が増大することに特徴づけられる状態です。そこでは原理主義的宗教集団つまりカルトが国家と資本の暴力をイデオロギー的に支えます。そうであるがゆえに、男性中心原理に貫かれた資本主義・国家・カルトの論理に対峙するフェミニズムの役割は重要なのだと言います。

そしてサゴは、ラテンアメリカのフェミニズムの成果を振り返ります。第一に、フェミニズムが、女性への暴力を個人的な問題ではなく社会が構造的に抱える問題であると周知させました。その結果、WHOの下部組織である汎米保健機構は一九九三年に女性への暴力は公衆衛生・健康の問題であると宣言するに至りました〈＊三〉。第二に、一九九〇年代の中米の和平と民主化の過程で、暴力と権力からの自由が必要だと主張したのは各国のフェミニズム団体でした。第三に挙げるのは、一九九四年米州機構でベレン・ド・パラ協定（Convención de Belém do Pará）、またの名を「女性に対する暴力の予防と根絶のための米州協定（La Convención Interamericana para Prevenir, Sancionar y Erradicar la Violencia contra las Mujeres）」が発布されたことです。この協定をもって米国を除く南北アメリカの国々は、家庭内でおこる暴力を規制処罰する法制度を一度は構築し、政策課題とするに至りました。

最後に、今日もなおフェミニズムに意義があり、それは二つの課題を負うとサゴは主張します。一つは、国家の領域で法的、政策的に女性やその他の周縁化された人々に差別のない仕組みを要求し、勝ち取ること。もう一つは、新自由主義を経験した国家は女性を支配・

抑圧する論理を持ち続ける。そのため、様々な不平等や抑圧のヒエラルキーを解体するような、新たな正義を作る闘争の戦略と日常の変革を行い、「フェミニストのユートピア」を手放さないこと。

サゴの言葉は、明晰に状況を腑分けし、問題の所在を明らかにし、さらに恐れずに前へ進めと人々を鼓舞します。ただ、ジェンダー問題が公衆衛生の問題であることはもちろん、新自由主義の枠内では男性中心主義が強固なものになり性暴力があからさまになることや、カルトが資本と国家の補完勢力となりうることなどは、日本でも同様に考えていかなければならない課題です。国際機関や教育研究機関を通じて各国各地域の現状とフェミニズムの運動を、あるいは女性の生をつないできたサゴの仕事は、日本から読む際にもたいまつのようなものになるのではないでしょうか。

---

*1 Retana, Camilo; Butler, Judith［et al.］(2023), Cartografías de género, Buenos Aires : CLACSO に所収。収められている対談はジュディス・バトラーをはじめ今を知るために価値のあるものばかりです。

*2 直近の著作としては個人の論文アンソロジーである Sagot, Montserrat (2024), Cuerpos de la injusticia : una crítica feminista desde el centro de América , Buenos Aires : CLACSO が出ています。オンラインで無料で読めます。

*3 この点については Sagot, Montserrat. (2008). "Estrategias para enfrentar la violencia contra las mujeres: reflexiones feministas desde América Latina". en Athenea Digital. Revista De Pensamiento E investigación Social , (14), pp 215–228.

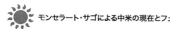

コラム⑯

チリ・女子大学生が引き起こした「フェミニズムの津波」

柳原恵

二〇一八年四月、チリにおいて女子学生らが全国各地の大学を〈占領（toma）〉する活動が始まりました。〈フェミニストによる占拠（tomas feministas）〉と呼ばれるこの運動は、大学内で発生してきたセクハラ・性暴力へ抗議し、適切な調査と再発防止策を求めると同時に、性差別のない教育（la educación no sexista）を実現することを目指したものでした。

一連の運動の口火を切ったのは、二〇一八年四月十七日、チリ南部のアウストラル大学人文学部学生たちによるセクシャルハラスメントへの抗議活動でした。四月二七日には国内で最も権威のあるチリ大学法学部でも、セクハラをめぐる大学側の対応へ抗議するかたちで〈占拠〉が始まり、他学部へも広がりました。

当時、筆者はチリ大学に在外研究のため滞在しており、この歴史的なムーブメントに立ち会うことができました。〈占拠〉が始まってまもなく、チリ大学人文社会科学系キャンパスで〈占拠〉を主催する女子学生に取材したところ、複数の女子学生が教員や男子学生からセクハラや性加害を受け、大学側に被害を訴えたものの二次被害にあう状況であり、事態が一向に改善されない

【写真①】〈占拠〉中のチリ大学の棟内に描かれた女性器をイメージしたグラフィティ（二〇一八年五月著者撮影。以下同様）

**【写真②】〈占拠〉中のチリ大学キャンパスに掲示されていたポスター。
左から、「ノーはノー」（性的同意をめぐるスローガン）、「資本主義と家父長制は私たちの家庭内労働に支えられている」、「フェミニシディオ“ただ夜一人で歩いていただけなのに”正当化することはできない——フェミニシディオとは私たちが女性であることを理由に殺されること」**

ために〈占拠〉という手段に出たということでした。学生たちはキャンパスの建物を封鎖して立てこもり、加害者の処罰と被害者の正義回復を求めました。

いつの間にか、キャンパス内の至る所にフェミニスト的メッセージが描かれ（写真①、②）、教室の窓には性被害を受けた「証言」を書いた紙が貼り出されていました（写真③）。

この運動の射程には、キャンパス内の問題解決にとどまらず、チリ社会に深く根付いたマチスモに対する広範な抗議も含まれていました。学生たちはリプロダクティブ・ヘルス／ライツ（性と生殖に関する権利）の保障、「自由、安全、無料の中絶（abort libre, seguro y gratuito）」へのアクセスを求め（写真④）、同時に家父長制と結託した新自由主義がもたらす不安定な社会の変革も目指していました。

五月十六日には、女子学生らによる大規模なフェミニズムのデモが行われました。主催者チリ学生連合（CONFECH）発表で十五万人（警察発表では二万五〇〇〇人）もの人々が集ったこのデモは、二〇一一年に盛り上がった学費無料化運動以来、もっとも多くの参加者を集めたものになりました。

五月二十二日、フェミニスト学生による〈占拠〉運動は、チリ大学と双璧をなす名門大学・教皇庁立カトリカ大学でも始まります。軍事政権下、チリ大学を弱体化するのと並行して重点的に強化された経緯がある大学です。宗教的で保守的な背景を持つ同大学で、大学中央会館前にあるヨハネ・パウロ二世像に、上半身裸で覆面をつけた女子学生たちがよじ登り、拳を突き上げました。このパフォーマンスには、家父長制の資産として性的に客体化されてきた女性の身体を取り戻そう、「女のからだは女自身のものだ」という力強いフェミニスト的メッセージが込められているといえるでしょう。この行動はカトリカ大学での〈占拠〉を象徴するものとなり、マスコミにも大きく取り上げられ、社会へ強いインパクトを与えました。後日、チリ大学のキャンパスにも覆面姿の女子学生たちを描いた旗が掲げられ、連帯が示されていました。カトリカ大学では四日間続いた〈占拠〉は、大学側とのハラスメントを防止するための合意に達したことにより、平和裏に終結しました。

一連の〈占拠〉運動は二〇一八年五月末の時点で二十三の大学に広がり、六月までには三十二の大学に拡大しました。このキャンパス・フェミニズムの隆盛はチリのマスコミでも大々的に取り上げられ、抗議活動をする女子学生たちの姿は新聞の一面を飾り、テレビやラジオでは討論番組も企画されるなど、大きな注目を集めました。

これらの運動の成果として、加害者として告発された著名な大学教授らがキャンパスを追われたほか、各大学がキャンパス内でのセクハラや性暴力を防ぐためのガイドラインを整備することになりました。この運動の影響はキャンパス内にとどまらず、中道右派でジェンダー政策に消極的なピニェーラ大統領（当時）が、あらゆる分野でジェンダー平等を達成するための「女性アジェンダ（Agenda Mujer）」を宣言するという政策的成果をも引き出しました。

【写真③】ジェンダーに基づく暴力の被害経験を伝える女性たちの証言

フェミニズムの歴史は通常「波（ola）」で喩えられますが、チリのこの運動は「フェミニズムの津波（el Tsunami Feminista）」と名付けられています。日本同様、地震と津波の常襲国であるチリでは「tsunami」は外来語として定着しています。「tsunami」という単語が用いられることからも、二〇一八年のフェミニスト・ムーブメントがもつ社会的インパクトの大きさが伝わります。この「フェミニズムの津波」が社会を席巻した二〇一八年は、チリにおいては「フェミニズムの年（el año del feminismo）」と呼ばれています。

【写真④】中絶合法化運動で用いられる巨大な緑のバンダナにスローガンを書く学生

チリの「フェミニズムの津波」は、チリというラテンアメリカの一国で孤立して発生したローカルな運動ではなく、「#MeToo」（性被害者への連帯を示し、性加害者を告発する運動）や「#NiUnaMenos」（アルゼンチンで始まったフェミサイドへの抗議運動）のような国際的なフェミニズムの隆盛とも連動していました。チリ史上初めて、性差別的な教育のあり方を批判し、性的ハラスメントや性暴力、フェミサイドなどのジェンダー問題を主題とした女子学生たちによるフェミニズム運動は、チリ社会におけるフェミニズムの主流化へ大きく貢献する力となりました。

第四章

採掘主義について

廣瀬純

0.

僕が「採掘主義（extractivismo）」という表現に初めて出会ったのは二〇一〇年代初めの頃だったと思います。精確には「新採掘主義（neo-extractivismo）」という表現でした。

大学での僕の専門は映画研究で、一九九八年から二〇〇四年までフランスのパリに留学したのですが、ラテンアメリカ情勢を追うようになったのはその頃からです。最初に入居したのがメキシコ人学生寮だったということもあり、サパティスタ運動など、ラテンアメリカ諸国で当時展開されていた民衆闘争に興味を持つようになりました。また、二〇〇〇年代に入ってすぐに、イタリア人哲学者パオロ・ヴィルノの『マルチチュードの文法』という本の翻訳を始めることになるのですが、そのときに、ヴィルノに対する優れたインタヴューをインタネット上で発見し、そのインタヴュアだったブエノスアイレスの活動家グループ、コレクティボ・シトゥアシオネス Colectivo Situaciones に連絡し、彼らと頻繁にメールのやり取りをするようにもなりました。

コレクティボ・シトゥアシオネスと連絡を取ったのは、もともとは、ヴィルノへの彼らのインタヴューを日本語版『マルチチュードの文法』に転載するためだったのですが、僕自身、二〇〇一年十二月のアルゼンチンでの民衆蜂起に関心があったということもあり、二〇〇二年ぐらいから今度は僕が彼らに対して民衆蜂起について、そしてまた、失業労働者運動（movimientos de trabajadores desocupados）など、その当時アルゼンチンで展開されていた様々な闘争について長くインタヴューしていくことになりました。同インタヴューは二〇〇九年に『闘争のアサンブレア』という日本語の本になりました。

僕がラテンアメリカの闘争に興味を持ち始めた九〇年代末から、コレクティボ・シトゥアシオネスへのインタヴューを行っていた二〇〇〇年代半ばにかけては、しかし同時に、アルゼンチンも含むラテンアメリカ諸国で次々に所謂「進歩派（progresista）」あるいは「左派」政権が誕生していた時期でもあります。一九九九年にはベネスエラでウーゴ・チャベス Hugo Chávez、二〇〇〇年にはチリでリカルド・ラゴス Ricardo Lagos、二〇〇三年にはブラジルでルーラ・ダ・シルヴァ Lula da Silva、アルゼンチンでネストル・キルチネル Néstor Kirchner、二〇〇五年にはウルグアイでタバレ・バスケス Tabaré Vázquez、二〇〇六年にはボリビアでエボ・モラーレス Evo Morales、ホンジュラスでマヌエル・セラーヤ Manuel Zelaya、二〇〇七年にはニカラグアでダニエル・オルテーガ Daniel Ortega、エクアドルでラファエル・コレーア Rafael Correa が、それぞれ大統領に就任します。アルゼンチンでのキルチネル政権の誕生が二〇〇一年の民衆蜂起と不可分であるように、他の国々での進歩派あるいは左派政権の誕生も、多くの場合、それに先立って大規模な民衆闘争があったことで初めて可能になったものでした。モラーレス政権の誕生は、二〇〇〇年のコチャバンバでの水戦争、二〇〇三年のガス戦争抜きには考えられませんし、チャベス政権の誕生も、ラテンアメリカで最初の大規模な反新自由主義闘争だと言われる一九八九年のカラカス蜂起（Caracazo）に始まる一〇年間の民衆闘争なしにはあり得なかったでしょうし、ルーラ政権の誕生も、八〇年代半ばから大農地の不耕作地を占拠し「下からの農地改革」を進めてきた「土地なし農業労働者運動（Movimento dos Trabalhadores Rurais Sem Terra）」などによる民衆闘争の成果だと言っていいはずです。

民衆闘争なしに進歩派・左派政権の誕生はなかった。しかし、進歩派・左派政権の諸政策が、闘争を通じて民衆がつくり出してきた政治・経済の新たなヴィジョンに適うものだったかと言えば、必ずしもそうではありませんでした。それどころかむしろ、進歩派・左派政権の諸政策の多くは、民衆闘争において示されていた方向性とあからさまに乖離するものですらありました。そして、そうした乖離の中心にあったのが、まさに、一国の例外もなくすべての進歩派・左派政権が採用した成長戦略、すなわち、原油、ガス、金属、電力、穀物、木材、食肉といった一次産品コモディティの大量輸出に基づく成長戦略だったのであり、それが、二〇〇〇年代末頃から、批判的観点から「採掘主義」あるいは「新採掘主義」と呼ばれるようになったのです。

1.

二〇〇〇年代末から二〇一〇年代初めにかけての時期は「新採掘主義」という表現のほうが多く使われていたと思います。「新」だとされたのは、従来の新自由主義体制下での採掘推進政策と区別するためでした。ここで言う「新自由主義」とは、所謂「ワシントン・コンセンサス」に従った経済政策体系のことです。「ワシントン・コンセンサス」とは、世界銀行、国際通貨基金、米国政府の三者間での暗黙の合意のことで、その内容は、公営企業の民営化、市場開放、緊縮、規制緩和などに存する所謂「構造調整」を第三世界諸国に勧告するというものです。たとえばペルーでは、一九九〇年代前半にアルベルト・フジモリ Alberto Fujimori 大統領が一種の自己クーデタを起こして、ワシントン・コンセンサスの内容をそのまま条文化したような新憲法を制定し、九〇年代半ばからその新憲法に基づいて、銅などの鉱山開発が外資トランスナショナル企業によって急速に進められることになりました。

新自由主義体制下での採掘推進と進歩派・左派の「新採掘主義」との違いは、新自由主義の場合には、採掘収入の大半が外資開発企業と国内寡頭層とで山分けされ、緊縮や財政均衡を口実に社会的再分配には最小限しかまわされないのに対して、進歩派・左派の場合には、採掘収入が社会政策の主たる財源としてはっきり位置づけられる点です。油田やガス田、鉱山などで操業する外資トランスナショナル企業に対して国家（ステイト）が設定するロイヤリティ料率や課税率は、新自由主義体制下ではできる限り低く抑えられますが、進歩派・左派政権下ではそれをできるだけ高く引き上げることが目指され、国家の取り分をできるだけ多く確保しようとします。たとえばボリビアでエボ・モラーレスが大統領就任直後に宣言した「炭化水素資源の国有化」も、実質的には、外資開発企業に対するロイヤリティ料率と課税率の引き上げを意味していました。

新採掘主義は当初「新開発主義（neodesarrollismo）」とも呼ばれていました。僕自身も、「新採掘主義」よりも先に「新開発主義」という表現を目にしたように思います。なぜ「新」開発主義なのか。第二次大戦直後から一九七三年のオイルショックまでの約三〇年間にアルゼンチン、チリ、ブラジルなどで推進された従来の「開発主義（desarrollismo）」は、所謂「輸入代替工業化」に基づくもので、そこでの富の再分配は、あくまでも「賃金」の形態で構想されていました。これに対して二〇〇〇年代からの進歩派・左派政権による「新開発主義」では、採掘事業を行う外資トランスナショナル企業から国家がいわば「地代」を徴収し、そのお金をそのまま直接移転によってネイションの構成員すなわち市民に再分配することが目指されます。採掘レントを財源として進歩派・左派政権が実施してきた現金直接移転プログラムのうちでも特によく知られ、また、「成功」例だと言われているのは、ルーラ政権下の家族手当「ボウサ・ファミーリア（Bolsa Familia）」です。その他にも、リカルド・ラゴス政権下の生活保護手当「連帯のチリ（Chile solidario）」、エボ・モラーレス政権下の教育バウチャー「ファンシート・ピント（Bono Juancito Pinto）」、キルチネル夫妻政権下の「社会包摂家族プログラム（Programa Familias por la inclusión social）」、チャベス政権時代から構想されニコラス・マドゥーロ Nicolás Maduro 政権下で実現した生活手当デビットカード「祖国手帳（Carnet de la Patria）」などが知られています。

新採掘主義あるいは新開発主義は、さらに「資源ナショナリズム」とも呼ばれ、日本語環境ではこの呼称が最も普及しているように思いますが、その含意は、要するに、国家（ステイト）を介してネイションが外資から資源利用料すなわちレントをきっちり徴収するといったことでしょう。かつての開発主義では賃金が占めていた位置に、新たにレントが据えられることになったわけです。これは僕個人の思いつきでしかありませんが、新採掘主義については「封建制ナショナリズム」といったことを語ってしまってもいいのかもしれません。ネイションが自らを領主に、外資企業を農奴に位置づけ、その農奴から地代を徴収するという図式が、新採掘主義では構想されているわけですから。

2.

新自由主義体制下では外資開発企業と国内寡頭層とによって捕獲される採掘レントを、進歩派・左派政権は、ネイション内での再分配に向け直しました。福祉国家の復活とも思えるこの成長戦略のいったいどこに問題があるのか。この戦略を「新採掘主義」と呼んで批判する人々は何が問題だと考えているのか。ベネスエラでの所謂「ボリーバル派ブルジョワジー（burguesía bolivariana）」形成に見られるような革命政党それ自体の寡頭層化、あるいは、コモディティ市場への国家収入の従属といったことを除けば、新採掘主義の問題は、何よりも、その実現のために犠牲にされる人々がいるという点にあります。犠牲にされるのは、油田、ガス田、鉱山などが開発される地域に暮らしてきた人々、森林伐採が行われる地域に暮らしてきた人々、単一栽培農地が開墾される地域に暮らしてきた人々、水力発電ダムが建設される地域に暮らしてきた人々です。彼らは、「ネイション全体の利益」なるものの名において、移住を強制されてそれまでの生活を破壊されたり、地域にとどまる場合でも、大気や土壌、水源の汚染やそれに伴う農作物や家畜の汚染によって甚大な健康被害に苛まれたり、水源枯渇によって飲料水すら確保し得ない事態に陥ったり、周辺地域の生物多様性が失われて狩猟や採集が続けられなくなるなどといった犠牲を強いられてきました。新採掘主義体制下でネイション全体の利益のために犠牲になる人々が暮らす地域は「犠牲地帯（zonas de sacrificio）」とも呼ばれ、また、犠牲地帯をつくり出すことなしには成立しない新採掘主義は、ボリビアの社会学者で活動家のシルビア・リベーラ・クシカンキ

Silvia Rivera Cusicanqui などによって、「国内植民地主義（colonialismo interno）」にほかならないと論じられてもきました。

犠牲地帯の住民すなわち国内被植民者からすれば、採掘事業がネイション全体の利益のためのものであろうと、外資企業と国内寡頭層の利益のためであろうと、たいした違いはないでしょう。生命、生活、経済、社会組織といったすべての面において彼らが被る損害は、ネイションの構成員として国家から受け取る採掘レントの分け前とはまったく釣り合いの取れない規模の損害だからです。二〇一〇年代中頃から徐々に「新採掘主義」が端的に「採掘主義」と呼ばれるようになっていった理由の一つはここにあるのではないかと思います。進歩派・左派政権下のものも新自由主義政権下のものも一括して「採掘主義」として把握することは、利益が誰に分配されるのかという問題よりも、利益とは同じ単位や尺度でまるで測定できない甚大極まりない損害が地域住民に押し付けられるという問題のほうが、はるかに重要だと認識することだと言えるでしょう。

採掘主義体制下で国内植民地化の対象になっているのは、大半は、先住民またはアフリカ系住民が暮らしてきた土地です。すべての植民支配がそうであるように、採掘主義もまた、人種差別に基づくシステムなのです。これは、二〇〇八年の新憲法で「多民族国（Estado plurinacional）」であることを宣言したエクアドルの場合でも、翌二〇〇九年に国名自体を「多民族国」に改めたボリビアの場合でも変わりません。両国における国家による多民族性の肯定は一般的な意味での「文化」の次元にとどまるものであり、政治的および経済的には、どんな民族に属する者であっても一様に「市民」として国民国家に統合するものです。すなわち、先住民やアフリカ系住民の共同体に自治も自律性も認めない。あるいは、「共同体」というものがそもそも自治的かつ自律的な社会編成のことなのだとすれば、採掘主義国家が認めないのは、ネイション以外のいっさいの共同体の存在であると言ってもいいでしょう。採掘主義国家は共同体を個人に解体し、そうした個人を「市民」として国民国家に統合しようとするのであり、逆にまた、共同体の存続に固執し、共同体の物理的基盤である土地から立ち退かない者たちについては、容赦のない環境破壊と、まさにネイションの利益の名の下での弾圧とによって、共同体もろとも文字通りの意味での「死」に追いやるのです。

3.

油田や鉱山の開発、ダム建設、森林伐採、単一栽培、集約畜産といった巨大採掘事業に対する先住民やアフリカ系住民による闘争がラテンアメリカ全土に拡大することになったのは、あるいは少なくとも、それに僕自身が気づいたのは、二〇〇〇年代末頃であったように思います。そして、二〇一〇年代に入るとすぐに、そうした闘争をめぐる理論のようなものが多数発表されるようになります。僕が個人的に何よりも驚かされたのは、その書き手が事実上「全員」女性だったことです。「新採掘主義」論自体には、ウルグアイの生物学者エドゥアルド・グディーナス Eduardo Gudynas やエクアドルの経済学者アルベルト・アコスタ Alberto Acosta など、男性と思しき書き手が大勢いましたが、巨大採掘事業に抗して共同体を防衛する先住民やアフリカ系住民の闘争をめぐる理論的テクストについては、男性らしき名前の書き手は一人もおらず、どれもが女性によるものであり、かつ、どのテクストにおいても、国内植民支配に対する闘争が家父長制に対する闘争と重ね合わされて論じられていました。数多の優れたテクストのなかでも、二つの闘争のこの重ね合わせをとりわけはっきりと打ち出していたのが、九〇年代初頭にラパスで「ムヘーレス・クレアンド Mujeres Creando」というフェミニスト・グループを結成し、グラフィティやパフォーマンスなどを用いて政治活動を行なってきたマリーア・ガリンド María Galindo の二〇一三年発表の著書『家父長制を解体することになし植民地主義を解体することはできない（*No se puede descolonizar sin despatriarcalizar*）』でした。

僕自身はその後、反採掘主義闘争の実践自体においても、多くの場合、女性たちが主導的役割を担っているという事実を知ることになります。この事実を僕がはっきり認識した一つの大きなきっかけは、二〇一六年三月に起きたベルタ・

カセレス Berta Cáceres 殺害事件でした。ホンジュラスのサンタ・バルバラ県を流れるグァルカルケ川での水力発電ダム建設計画に反対する先住民レンカの闘争のリーダーだったベルタ・カセレスが、長年に亘って脅迫を受け続けた末に、ダム建設会社執行役から直接指示を受けた者たちによって銃殺された事件です。実行犯にはダム建設会社の警備担当者のほかに軍の諜報部員も含まれており、加えて警察も証拠隠滅に加担しました。

ラテンアメリカでの反採掘主義闘争の主役は女性です。この事実は、この一〇年間、多くの場合、実際に闘争している女性たち自身によって様々な角度から論じられてきました。今回は、主として次の二つの角度からの議論を紹介しておきたいと思います。第一の議論は、なぜ女性が主役になったのかというもので、いわば、女性主役の原因を問う議論です。これは、採掘主義が女性にどんな害悪をもたらすのかという議論だと言ってもいいでしょう。第二の議論は、いわば、女性主役の効果を問う議論、すなわち、女性が主役になることで闘争が持ち得る革命的な力を測る議論です。

4. 採掘主義は女性にどんな害悪をもたらすのか。幾つもの害悪をもたらします。

第一に、既存の家父長制およびそれに基づくマチスモの活性化をもたらします。採掘企業およびその仲介者である国家は、採掘事業に対する地域住民の同意を得るために補償金や地域開発計画を提案したりしますが、多くの場合、そうした提案についての交渉は男性住民だけを相手に選んで進められます。採掘企業は、同時にまた、採掘事業本体や周辺事業での雇用も提案しますが、その結果として一時的にせよ雇用され、少額にせよ賃金支払いを受けることになるも、基本的には男性住民に限られます。このようにして、マリーア・ガリンドが言うところの「家父長制同盟」が、既存の家父長制構造を利用した仕方で、採掘企業および国家と男性住民のあいだに、しかしまた、男性住民どうしのあいだにも形成され、女性住民は採掘事業をめぐる意思決定過程から排除されることになるわけです。また、採掘事業や周辺事業での男性住民の雇用は、多くの場合それまで自営での耕作や牧畜、狩猟や採集が中心だった地域経済に賃労働を導入するだけでなく、イタリア出身のフェミニスト理論家シルヴィア・フェデリーチ Silvia Federici がマチスモの元凶として指摘した「賃金家父長制（patriarcado del salario）」を各家庭に導入するものでもあります。いずれにせよ、賃労働の導入によって、男性住民は採掘企業に、女性住民は男性住民に経済的に従属せざるを得なくなるわけです。

第二に、既存の家父長制構造とそれに基づく男女分業に従って女性の担わされている不払い再生産労働あるいはケア労働が、質量ともに著しく増大することになります。具体的に言えば、まず、水源の汚染や枯渇によって飲料水や生活用水の確保にこれまでとは比較にならないような労力が求められることになります。ついで、水質汚染も含む環境汚染によって、重金属や毒性化学物質の血中濃度の増加などといった健康被害が発生し、病人の看病をはじめとした肉体的かつ感情的なケア労働が女性に重くのしかかることになります。さらにまた、環境汚染と賃金家父長制導入とによって、耕作、牧畜、狩猟、採集などに基づく各家庭での従来の自給自足的な食料確保システムが崩壊し、女性は、可能な限り安全な食料の入手に奔走させられたり、食事の支度のたびに自分は家族に毒を盛っているのではないかという罪悪感に苛まれたりすることにもなります。いずれにせよ、ここで確認しておかなければならないのは、採掘事業自体が、地域女性住民の不払い再生産労働の増大そのものによって全面的に支えられているという点です。別様に言えば、鉱山開発にせよ、ダム建設にせよ、除草剤や殺虫剤の大量散布を伴い、遺伝子組み換え種子を使用した大規模単一栽培にせよ、採掘事業において必然的に発生する環境コストは、主婦かつ母かつ妻としての女性の不払い労働に全面的に転嫁させられるということであり、だからこそ、そうしたコストは、採掘企業や国家の帳簿にはいっさい計上されないのです。

第三に、大量の男性労働者が流入し、また、国家が軍などを配備するのと同時に開発企業も準軍事組織などの独自の治安組織を展開させるために、地域の公共空間が男性とそのマチスモ文化に支配され、女性住民は私的空間、家庭空間に閉じ込められることになります。南米最大の露天掘り金鉱であるヤナコーチャ鉱床の所在地として特に知られ、金鉱以外にも銅の巨大採掘事業が進められているペルーのカハマルカ県に暮らすケチュアの女性が次のように言っているというのを読んだことがあります。「私たち女性はもうコーヒーを飲みに街に出ることもできません。娼婦扱いされるからです」。これは、公共空間がマチスモ文化に支配されるということに加えて、女性の振る舞いに家父長制的な倫理が改めて課されるようになるということでもあるでしょう。

第四に、男性労働者人口の増大によってまた、彼らに対するケア労働に従事させられる女性が地域内外から動員されることにもなります。これについてはとりわけ、人身売買を伴う強制売春や、不払いケア労働提供者を確保するための「臨時」結婚といったケースが問題とされてきました。

5.

ここまで、採掘主義が女性にどんな害悪をもたらすのかということをざっと見てきました。今回、挙げていない類いの害悪、問題もまだまだあるに違いありません。僕自身は、現場に実際に行って調査をしたことがなく、文字情報や視聴覚情報で得ることのできた知識にとどまっています。現場に行くことでしか知り得ない重要な問題があるに違いありません。しかし、いずれにせよ、いま挙げた四つの問題からだけでも見えてくることがあります。それは、最も端的に言えば、土地に対する採掘活動が女性の身体に対する採掘活動と一体化しており、土地の採掘は女性の身体の採掘なしにはまったく成立し得ないということです。女性の「身体」に対する収奪形式は、不払い労働が問題になっている以上、やはり、賃労働について言われる「搾取（explotación）」ではなく、天然資源開発の場合と同様に「採掘（extracción）」と呼ばれるべきでしょう。土地の採掘は、女性に対してつねにいっそう多くの不払い労働を課し続けることとしての女性身体の採掘なしにはあり得ない。この点に加えて、しかしまた、土地採掘の成立基盤である女性身体採掘それ自体、家父長制構造が先立って存在しているからこそ可能になっているという点も見逃すことはできません。家父長制解体なしに植民地主義解体はない、国内植民支配としての採掘主義の解体はないというのはこの意味でのことでしょう。

採掘主義による土地に対する攻撃は直ちに女性の身体に対する攻撃である。やや乱暴に言ってしまえば、「だからこそ」反採掘主義闘争の主役は女性たちなのです。土地に対する攻撃と女性の身体に対する攻撃とには、どちらも「採掘」であるという同型性と、女性の身体に対する攻撃なしには土地に対する攻撃は不可能であるという条件関係とが見出せます。この同型性と条件関係を包括的に把握するタイプの闘争理論のうち、ラテンアメリカでおそらく最もよく参照されているのが、「先住民女性にとって土地テリトリーの防衛は身体テリトリーの防衛そのものだ」と唱えるロレーナ・カブナル Lorena Cabnal の「土地＝身体テリトリー（territorio tierra-cuerpo）」論であり、カブナル自身が「共同体フェミニズム（feminismo comunitario）」と呼んでいる議論だと思います。

ロレーナ・カブナルの闘いの原点は、本人の言によれば、幼年期に父親から性的虐待を受けたという経験にあるようです。カブナルの父方の祖父母は、グァテマラ内戦下で移住を強いられたマヤで、彼女自身は首都グァテマラ市近郊の先住民ゲットーで生まれ育ちました。彼女は後に、父からの性的虐待は、「土地テリトリー」を奪われた者であっても女性の「身体テリトリー」を侵害することがあるという事実を、身を以って知る経験だったと振り返っています。大学卒業後、彼女は、母方家系のルーツを求めて、グァテマラ南東部ハラーパ県内に位置するハラパン山地のシンカ共同体サンタ・マリーアに赴き、そこで二〇〇二年から娘と一緒に暮らし始めます。しかし彼女は、同共同体にも家父長制支配とそれに基づくマチスモがあることを知ることになります。家父長制には、西洋植民地主義によってもたらされたものだけでなく、先住民共同体に固有のものもあるという事実を発見するのです。これを彼女は後に「先祖伝来原始家父長制（patriarcado originario ancestral）」として理論化することになります。先住民共同体内のそうした家父長制の発見を機に、二〇〇四年、カブナルは、他の女性住民とともに「ハラパン・サンタ・マリーア先住民女性連合（Asociación de Mujeres Indígenas de Santa María Xalapán Jalapa）」というグループを結成し、ジェンダー暴力の告発、被害者支援、女性識字学級などの活動を開始します。カブナルの場合は、したがって、先住民共同体内でのフェミニストとしての闘いが、反採掘主義闘争に先行していたということです。

転機は二〇〇八年に訪れます。同年に、複数のトランスナショナル企業がハラパン山地での鉱山開発を計画していることが発覚します。これを受けて、彼女たちの女性グループは、先住民シンカ統治府および他の運動グループとともに「ハラパン・シンカ共同体アクション（ACOXX：Acción Comunitaria Xinka Xalapán）」を組織して、国家に情報開示を求めるデモを展開し、その結果、地域住民に無断で共和国政府がハラーパ県内だけで三十一件の鉱山開発ライセンスを与えていたことが明らかになるのです。このようにしてハラパン山地でのシンカによる反採掘主義闘争が開始されるわけですが、二〇一一年にたいへん興味深いことが起こります。同年、カブナルは、共同体内でのフェミニサイドや女性売買、その他のジェンダー暴力を告発し続けてきたことを理由に、「ハラパン・シンカ共同体アクション」によって闘争からも共同体からも追放されることになってしまうのです。

ひょっとすると、彼女が前年の二〇一〇年に発表した論文が追放のきっかけになったのかもしれません。「アビヤ・ヤラにおける共同体フェミニスト先住民女性による認識論的思考提案構築へのアプローチ（Acercamiento a la construcción de la propuesta de pensamiento epistémico de las mujeres indígenas feministas comunitarias de Abya Yala）」というはっきり言って訳のわからないタイトルでありながら、内容は極めて簡潔かつ明瞭で、「土地＝身体テリトリー」概念に基づく「共同体フェミニズム」のマニフェストであり、今日ではラテンアメリカのフェミニズムの古典になっており、まだ読まれていない方がもしいらっしゃったら是非、今夜にでもすぐに読むことを強く奨めておきたい論文です。いずれにせよ、先住民共同体内でのフェミニストとしての活動がカブナルの追放を招いた。カブナル自身もどこかで論じていたはずですが、これには、他の似たようなケースに鑑みても二つの理由が考えられます。

一つは、採掘事業計画に抗して闘っている共同体の内部にフェミニズムが分裂を生じさせるのではないかと恐れられたということ。もう一つは、首都から移住してきたカブナルによってもたらされた「フェミニズム」が、採掘事業それ自体と同様に、外部の侵入、より有体に言えば、西洋の侵入として受け止められたということ。この二つを総合すれば、「フェミニズム」は、採掘事業計画と一緒に外部からやってきて、採掘事業計画に反対する共同体を内部分裂させることで、同計画の実現を手助けするものだということになるでしょう。極めて重要な論点ですが、これ以上掘り下げることは今回はやめにして、同じようなことが、イスラエル国家による植民支配に抗するパレスチナ人民の闘争にも長く観察されてきたということだけを指摘しておきます。

6.

先に見た通り、採掘主義には、女性を政治空間から排除し、彼女たちを家庭空間に閉じ込めて、つねにいっそう増大し続ける不払い再生産労働に従事させるというプロセスが必然的に伴います。反採掘主義闘争における「女性主役」とは、いわば、このプロセスの総逆転です。採掘事業の生み出し続ける環境コストが既存の家父長制構造に従って自分たちの不払い労働へと転嫁されることに抗って、家庭空間への閉じ込めをぶち破り、政治空間を奪還して、自分たちこそが採掘企業および国家との闘いの最前線に立ち、補償金や賃金などといったいっさいの対価を退ける。所謂「制度内フェミニズム（feminismo institucional）」の唱える「ジェンダー平等」だとか「女性のエンパワメント」などといった庇護主義とは何の関係もないラディカルな女性主役とそこでの女性戦線の形成によって、ものごとのフローがひとたびこのように完全に逆流させられたその瞬間、採掘主義は終わるほかないでしょう。より精確には、この逆流だけが採掘主義を終わらせる。そして、採掘主義の終わりは直ちに資本主義それ自体の終わりも導くはずです。

二〇〇〇年代に政権の座についたラテンアメリカの進歩派・左派によって採られた成長戦略が、かつての開発主義への逆戻り、すなわち、輸入代替工業化に基づく開発主義の復興ではなく、一次産品コモディティの大量輸出に基づく新たな開発主義だったことは、資本主義の当時の世界的な動向によって説明されるべきことです。最も簡潔に言えば、当時、資本主義は一〇〇年に一度の全面的な創造的破壊期に不可逆的に入りつつあった。米国覇権下での石油を基軸物質とした二〇世紀の資本蓄積体制が限界に達し、中国覇権下でのリチウムを基軸物質とした新たな蓄積体制へのシフトが始まりつつあったということです。要するに、米国メーカーが中心となってガソリンまたはディーゼル自動車が製造されてきた時代から、中国メーカーが中心となって電気自動車が製造される時代へのシフトです。今日我々がその真っ只中に身を置いているこの大転換が始まったのとちょうど同じ時期に、ラテンアメリカでは次々に進歩派・左派政権が誕生したわけです。

ワシントン・コンセンサスからの脱却を掲げていたラテンアメリカの進歩派・左派が、非常に大雑把に言って、反米・親中であることは、ここで僕が指摘するまでもないでしょう。日本のような「二〇世紀の先進国」がまだ躊躇いを見せていた時期に、ラテンアメリカの進歩派・左派政権は、米国＝石油体制から中国＝リチウム体制へのシフトに積極的に参画していきます。リチウムそのものについて言えば、アンデス高原にはボリビアとチリとアルゼンチンの三国にまたがって「リチウム三角地帯」と呼ばれる世界埋蔵量の六割とも七割とも言われるリチウム鉱床がありますが、この鉱床のうちボリビアに位置する部分は、エボ・モラーレス政権三年目の二〇〇八年に「国有化」されました。二〇〇〇年代後半からそのように本格化したリチウム三角地帯での採掘事業は、その後も、政権が進歩派・左派であるか否かにかかわらず推進されています。よく言われるように、リチウム三角地帯はまさに「二一世紀のサウジアラビア」だからです。また、リチウム採掘は大量の水を使用するため、周辺地域に水源枯渇や土壌汚染をもたらしており、同地域で暮らしてきた先住民によって、幹線道路封鎖による物流遮断などといった手法での闘争も力強く展開されています。さらにまた、先住民たちのそうした反対闘争を抑え込むために、アルゼンチンのフフイ州では、州知事の提案によって二〇二三年六月に州憲法の部分改正が行われ、街路や幹線道路での異議申し立てを禁止する条項が新たに追加されました。

リチウムを基軸物質とする新たな資本蓄積体制で求められる天然資源は、もちろん、リチウムだけには限りません。リチウムと同様に蓄電池の生産に不可欠なコバルトやニッケルといったレアメタルに加えて、二〇〇〇年代後半から需要が急増している資源に、電線一般の材料となる銅が挙げられます。これまでにも「鉄は骨、コンクリートは肉、銅は血管である」と言われてきましたが、その銅の需要がこれまでとは桁違いに高まっているのです。言うまでもなく、自動車など、これまで炭化水素燃料で動いていたものが電動化されつつあるためです。

ペルーでは、二〇二二年十二月から翌二三年三月にかけて、一八二一年の建国以来最大だとされる全国規模の民衆叛乱が起きました。マスメディアの報道では、ディナ・ボルアルテ Dina Boluarte 臨時大統領辞任、共和国議会解散、憲法制定議会招集、ペドロ・カスティージョ Pedro Castillo 前大統領釈放を求める闘争であるという点が強調されており、もちろん、民衆がそうした要求を掲げていたのも事実ですが、見落としてはならないのは、同闘争が、まさしく世界的な銅需要急増を背景とした反採掘主義闘争でもあったという点です。実際、民衆叛乱の震源となり、最も激しく闘争が展開されたのは、中国系企業MMGが操業するラス・バンバス、カナダ系企業ハドベイ Hudbay が操業するコンスタンシア、スイス系企業グレンコア Glencore が操業するアンタパカイといった銅山の集中するアンデス南部であり、いずれの銅山に対しても、地域に暮らす先住民たちによる反対闘争が以前から展開されていました。また、アンデス南部でのそうした反銅山闘争でも女性たちが最前線に立っており、なかでも特によく知られている人物として、グレンコア社のアンタパカイ銅山のあるクスコ県エスピナル郡で同銅山に対して二〇一〇年代初頭から展開されている反対闘争のリーダーであるケチュアの女性エルサ・メルマ Elsa Merma の名を挙げることができます。いずれにせよ、二〇二二年から二三年にかけてのペルーでの民衆蜂起は、共和国史上最大の民衆闘争であるという点においてだけでなく、少なくともラテンアメリカに限って言えば、反採掘主義闘争が初めて一国の全土で展開されたという点も重要であり、かつまた、それが、二一世紀の資本蓄積体制の要となる資源である銅をめぐって展開されたという点も重要です。

採掘主義の終わりは直ちに資本主義それ自体の終わりも導くはずだと先に述べました。どうしてそう言えるのか。資本主義は、すでに限界に達している米国＝石油体制から脱し、中国＝リチウム体制に移行しなければ、生き存えることができません。「グリーンシフト」だとか「ディジタルシフト」だとか呼ばれているものは、地球環境の保護といったこととはまったく関係がなく、資本主義存続だけを目的とするプロジェクトです。また、中国共産党は資本主義の前衛党にほかならないとも付言しておくべきかもしれません。いずれにせよ、全世界規模で古い資本を破壊しつつ新たな資本を創出するそうした過程に不可欠なのが、ラテンアメリカを含む第三世界での新たな資源開発なのです。この新たな資源開発が阻止されれば、資本主義は終わります。「二一世紀のサウジアラビア」を二一世紀の資本主義から奪うことになるのですから。

本当は、反採掘主義闘争におけるフェミニズムを、フェミニサイドの多発をきっかけにほぼ同時期に展開されてきた「もうひとりも欠けてはならない（NiUnaMenos）」運動や「三月八日フェミニスト国際ストライキ（8M Paro Internacional Feminista）」などと関連づけたより大域的な観点からの議論が必要ですが、今日はもう時間がありませんので、それについては拙著『新空位時代の政治哲学』を読んでいただければと思います。最後までお付き合いくださり、ありがとうございました。

質疑応答

水口良樹（コメンテーター） 新自由主義を推進する右派政権から左派になっても、なぜ新自由主義的な経済政策をやめられないのか、というのは私にとってずっとピンとこなくて気になっていたポイントでした。それが今日のお話でかなりクリアになりました。ありがとうございました。（新）採掘主義というものの輪郭がようやく理解できてきた気がします。民衆闘争の中から成立した左派政権が、国内の社会政策のために採掘を行う際に、それ自体が人びとの生活を脅かして分断していくものとなる。結局、国家のために疎外された共同体が犠牲になることが当然のこととしてみなされる。そしてそれに対抗すること自体が犯罪化され、テロと名指されて声を奪われていく。まあ、こういう構造が結局再生産されてしまう、ということが非常に大きな問題として改めて立ち上がってきたように思いますし、その中で分断され、民族や共同体というものから切り離され「市民」とされた人たちにとって、政治経済的な発言権は失われながら文化のみが許されるというような状態に追い込まれる。これは、ラテンアメリカの典型的なスタイルであると同時に、日本にも沖縄やアイヌの表象のされ方、バッシングのされ方というものにも相通じるものだなと改めて感じました。また採掘主義のお話でもう一つ興味深かったのが、自給自足的要素が強い社会を半ば強制的に資本主義社会へと編入して、お金を稼がないと食べられない、そういうところに巻き込んで隷属させていくということが、採掘主義、新採掘主義の中でもより進められていったのではないかなと言うことです。同時にそこでは封建主義的な土地の収奪と農奴的な住民の囲い込みからの労働への徴用、それから公害による住民の健康の悪化、そして場合によっては告知なしの強制避妊などがあったかも知れないとも思います。そうした開発地域の住民人口が抵抗できない規模へと縮小させられていくという過程が計画的に進められているということが過去だけでなく、今現在も繰り返されているということの恐ろしさ、そしてこうした今起こっている問題群を改めてきちんと共有していくことが必要だと感じました。こういったものに対抗するために女性たちが中心になって「ＮＯ」を突きつけて活動しているというのは本当に重要な指摘で、採掘主義が家父長制を強化し女性をより無力化していく制度として機能していたからこそ、女性が前面に立って行動していた。これはより虐げられたよりギリギリの剥き出しの生を生きさせられているること、つまりインターセクショナルな差別と搾取を受けているからこそ、より切実な、一種捨て身の抗議としての女性の活動が生まれてきた、そういう切実さがあるのではないかとも想像します。その意味で同時に思い出すのが、今日のお話の中では語られなかった問題として、軍政期の軍による強制失踪に対する運動の多くも女性たちによって担われているという問題、もっとも有名なものはアルゼンチンの「五月広場の母たち」(Madres de la plaza de Mayo) ということになりますけれども、こういった女性たちのもう一つの別の側面の現れ方というものが、採掘主義とこれも関係があると言えるのか、もしくはこれはまた違う文脈なのかということについてコメントいただければなというふうに思います。

廣瀬純　はい。五月広場の母たちと、採掘主義に抗する先住民やアフロ系子孫の闘争の最前線に立つ女性たちとがどうつながっているかという質問ですよね。

水口　はい。でも虐殺の問題では、例えばグアテマラの虐殺などは先住民キチェの人たちが大量に殺害されたりもしています。その中でも代表的な、象徴的な人物としてはリゴベルタ・メンチュウという女性が思い起こされるという意味でも、そういった多くの活動の中でも女性がやはり表に、非常に象徴的に出てきているっていうことが何らかの関係があるのではないかということについて、もしよろしければかなり無茶ぶりな質問だと思うんですけれどもよろしくお願いします。

廣瀬　今日の僕の発表は、僕独自のアイディアとか観点といったものは含んでおらず、これまでに僕が勉強して知ったことをたんにまとめて皆さんに報告するというものでした。聴いて下さった方々には、僕のそんな「まとめ報告」を踏み台にしてそれぞれ本格的な研究や考察へと進んでもらえたらいいなあと思っています。水口さんからのご質問に対しても、同様に、すでに言われていることを繰り返すという仕方で応じたいと思います。ブエノス・アイレス在住のフェミニズム理論家にベローニカ・ガーゴ Veronica Gago さんという方がいます。僕自身は彼女がコレクティボ・シトゥアシオネス（Colectivo Situaciones）という活動家集団の一員だった二〇年前ぐらいからずっと付き合いがあるのですが、そのベローニカさんが、フェミニサイド（女性であることが原因で女性が殺害されること）の多発をきっかけに二〇一〇年代半ばから始まったフェミニズム運動ニ・ウナ・メノス Ni Una Menos（もう一人も欠けてはならない）に先立つアルゼンチンでの女性による闘争の系譜として五月広場の母たち、二〇〇〇年代前半の都市郊外での失業労働者運動の二つを挙げ、それらの運動を貫くのは「被害者化」を撥ねつける力だと説明しています。事実、五月広場の母たちの運動は、ラテンアメリカでは一般に「人権」運動と呼ばれ、その代表的なスローガンの一つである「ヌンカ・マス Nunca más」（もう二度と）からも被害者あるいは被害者家族の運動とみなされがちですが、実際に彼女たちが七〇年代末から今日まで行ってきたのは、自分たちの子どもが六〇年末から七〇年代半ばにかけて展開した闘争の継続です。失業労働者運動も女性が最前線に立って展開された運動でしたが、これも、やはり、新自由主義の「被害者」として権利要求運動といったことはほど遠く、自律的な共同体を構築する試みでした。ニ・ウナ・メノス運動も、確かに、その名称は、フェミニサイドなどのジェンダー暴力の「被害者」による告発運動であるかのような印象も与えますが、現実には、女性が無報酬で担わされている家事をはじめとした再生産労働を資本主義批判の観点から徹底的に問いに付す闘いとなっています。これと同じことが、反採掘主義闘争の先頭に立つ女性たちについても言えるでしょう。彼女たちは、採掘主義やそれにまつわる様々な暴力のたんなる「被害者」ではない。「被害者」という枠組みには到底収まり得ない過剰な主観性、新たな社会、新たな世界を積極的に創出してこうとする過剰性こそが、彼女たちの闘争に見出せるわけです。

「日本から考える」という今回のシンポジウムの規定について僕個人は、二〇世紀の先進国の一つから考える、グローバル・ノースの一部から考えるという規定として理解していますが、その観点から、いま述べたことをまとめれば、グローバル・サウスの一部としてのラテンアメリカ、その内部のさらなるサウスとしての女性たち、彼女たちの闘う様々なフェミニズムは、「被害者」としての運動にとどまるものではまるでなく、「日本」も含む世界全体の変革を目指す革命運動にほかならないと言えるのでしょう。逆に言えば、「日本から」彼女たちの闘争に何らかの仕方で連帯する場合にも、「被害者」への連帯というかたちをとるのは望ましくないということです。あえて付言しておけば、これは、パレスチナ人への連帯についても同じであるはずです。ハマースをはじめとしたパレスチナ民兵諸組織、そして、それを支えるパレスチナ人たちはイスラエルの植民国家暴力に抗して民族解放のために闘っている。「被害者」としてのパレスチナ人ではなく、闘うパレスチナ人に連帯することが、真の「パレスチナ連帯」でしょう。

今日は、メキシコについても詳しく学ぶ機会に恵まれましたが、今日のラテンアメリカにおけるフェミニズムを考えるには、やはり、メキシコの状況を考慮に入れることは欠かせません。これもまた、すでに繰り返し指摘されてきたことですが、今日のラテンアメリカにおけるフェミニズムはフェミニサイド多発を契機に出現したものであり、今日的現象としてのそのフェミニサイドは一九九三年あたりにメキシコ北部のファレス市から始まった。一九九四年一月一日に北米自由貿易協定が発効するにあたり、米国に近接するファレス市には数多くの下請け縫製工場が建設され、そこにメキシコ中の貧困地域から若い女性が大量に集められることになります。そのような安価で交換可能な「労働力」としての女性たちが、同じ経済的再編成のなかで失職し、家父長的権威の経済的根拠を奪われた男性たちによって次々に殺害されていくことになるわけです。二〇一〇年代半ばにアルゼンチンのフェミニストたちがスローガンとして採用することになる“ni una menos”という表現も、ファレス市在住で自身も二〇一一年にフェミニサイドの犠牲となったスサーナ・チャベス Susana Chavez の詩作からとられたものであり、また、今日の岩間さんのお話で引かれていたリタ・セガートがファレス市でのフェミニサイドについて書いた小冊子『ファレス市において殺害された女性たちの身体に書き込まれたもの』(*La escritura en el cuerpo de las mujeres asesinadas en Ciudad Juárez. Territorio, soberanía y crímenes de segundo estado*, Universidad del Claustro de Sor Juana, 2006)は、二〇一〇年代初めにスペイン語訳が刊行されたシルヴィア・フェデリーチの『キャリバンと魔女』などとともに今日のラテンアメリカのフェミニストたちに最もよく読まれる本となっています。北米自由貿易協定は、その発効日に合わせてチアパスで武装蜂起したサパティスタ民族解放軍がその当時から言っていた通り、メキシコ住民に対する米国による新自由主義的攻撃にほかなりません。要するに、メキシコの状況を考慮に入れることではっきりと見えてくるのは、今日のフェミニサイドやそれに準ずるジェンダー暴力が新自由主義に由来する暴力だということであり、その意味でまた、今日のラテンアメリカのフェミニズムは新自由主義に対する闘い、新自由主義的自己再編成をその本性上必要とする資本主義それ自体に対する闘いでもあるということです。

今日のラテンアメリカにおいてメキシコほど、身体に対する新自由主義の攻撃が可視化されている国もないかもしれません。フェミニサイドその他のジェンダー暴力に加えて、夥《おびただ》しい件数の強制失踪や虐殺、過度な肥満とそれに由来する深刻な健康被害などが、今日のメキシコを覆い尽くしています。強制失踪や虐殺は麻薬密売カルテルの存在によって説明されますが、今日見られるような巨大カルテルの形成とその台頭自体、とりわけ農業部門における新自由主義改革による男性労働者の大量失職から生じている現象です。強制失踪についてはまた、大規模な調査運動が展開されていますが、その運動においても女性たちが最前線に立っているという点は、今日のシンポジウムの趣旨に照らして、指摘しておくべきことであるように思います。他方、米国からの清涼飲料水や高度加工食品の大量流入に由来する過剰肥満（一九二九年から七一年にわたって政権の座にあった制度的革命党に勝利して二〇〇〇年に大統領に就任したビセンテ・フォックスがコカコーラ社の執行取締役だったことは偶然ではないでしょう）は、これまで話してきたのとは少し別の観点からフェミニズムに絡めて検討すべき問題でもあるように思います。女性の身体の自律性の社会的構築とその防衛に存しているとも言える今日のフェミニズムには、その意味で当然のことながら、グローバル化された白人男性文化が押しつけてくる「女性の美しさ」についての基準を徹底的に退けて、一般に「肥満」と形容されるものも含め、どんな形状の身体であってもその独自の美しさを肯定するという闘いも含まれます。新自由主義的段階にある資本主義が行使する暴力の効果として生じている「肥満」を、資本主義的社会編成に抗して女性身体の自律性を構築するフェミニズムの闘争の一環としてそれでもなお肯定するという逆説に、どのような理論的整合性を与えればよいのか。これは、今回の僕のすべての話のなかでは例外的に僕自身で立てている独自の問題だと言えるかもしれませんが、いまのところ、正直、僕にもよくわかりません。問題の立て方が間違っているかどうかも含めて今後、皆さんと一緒に考えていければいいなあと思っています。

コラム⑰

チリにおける変革のうねりとフェミニズム運動

三浦航太

チリでは二〇一〇年代以降、変革を求める大きなうねりが生じています。なかでも二〇一九年には、チリ史上最大級とも称される大規模な市民の抗議運動が発生しました。人びとは、既存の政治のあり方や、チリを枠づける新自由主義（市場主導の経済・社会システム）にノーを突きつけ、新しいチリの姿を模索してきました。

こうした近年の変革のうねりを推進する役割を果たしてきたのが、フェミニズム運動です。いったいフェミニズム運動は、いかに現れ、いかなる変革を求め、何を残してきたのでしょうか。チリは、一九七三年から一九九〇年まで軍事政権を経験しました。フェミニズム運動は、軍事政権からの民主化運動において大きな役割を果たしました。フェミニズム運動は、「国と家庭に民主主義を」というスローガンのもと、国の民主化のみならず、軍事政権の伝統的なジェンダー規範に抗議し、女性の地位向上と平等の確立を目指しました［松久・山蔭二〇〇三］。

一九九〇年に民主化を達成すると、その後の民主主義政権は、フェミニズム運動を取り込む形で、女性政策を担う政府機関の設置や政府要職への女性起用など、制度的に女性の権利を促進していきます。民主化後の政治は、運動ではなく制度、対決よりも合意を重視する政治であり、その結果として、フェミニズム運動を含む社会運動は一時的に退潮してしまいました。

しかし徐々に人びとは、市民から離れてエリート内部での合意を重視する従来の政治や、新自由主義のもとでの社会経済格差に対して不満を抱くようになります。二〇一〇年代に入ると、そうした不満が噴出する形で、再び社会運動が活発になっていきました。

そうしたなかでフェミニズム運動もまた、二〇一〇年代半ばから再び活発になり、他の社会運動とともに変革のうねりを作り出していきました。とくに二〇一八年には、大学生を中心として、大学での性暴力に抗議する大規模な運動が行われ、女性の性的・身体の自由や性差別のない教育の実現を求める声があげられました［柳原二〇二二］。

さらに運動は広がりを見せます。大学生のみならず多様な人びとがフェミニズム運動に加わり、運動の主張には、男性中心の民主主義のあり方、新自由主義のもとでの労働市場での男女格差やケア労働の女性偏重という問題も含まれるようになりました。それによって、フェミニズム運動は、より幅広い市民の参加や支持を基盤とし、より幅広い意味合いを持つ、既存の政治・経済システムへの対抗勢力として位置づけられるようになりました［Perry and Borzutzky 2022］。

そして翌二〇一九年、チリ史上最大級の市民の抗議運動が発生するに至ります。既存の政治のあり方、長年にわたり存続してきた新自由主義的なシステムへの反対が突きつけられました。フェミニズム運動をはじめとするさまざまな社会運動の声が集合し、爆発した瞬間となりました。

二〇一九年の抗議運動を経て、現行憲法に替わる新憲法の制定が目指されることになりました。それは、既存の政治のあり方や新自由主義が、現行憲法と分かち難く結びついていたからです。制憲会議（新憲法案を作成するための独自議会）が設置されることになったのですが、フェミニズム運動の働きかけにより、制憲会議ではパリテ（男女同数）が導入されました。これは世界初のことでした［Arce-Riffo y Suárez-Cao 2021］。さらに議員として、フェミニズム運動をはじめとする社会運動のリーダーが多数選出されました。

新憲法案のなかには、政治におけるパリテ、性と生殖に関する権利保障、ジェンダーに基づく暴力からの保護、包括的な性教育、家事・ケア労働への社会的評価や分担など、フェミニズム運動が訴えてきた主張が条項として盛り込まれました。最終的には、制憲会議の運営や他の条項への懸念が影響し、新憲法案は国民投票で否決されてしまったのですが［三浦・北野二〇二三］、制憲会議におけるパリテを実現し、運動が重視する多数の論点を国家的議論の場に押し上げて人びとの問題意識を喚起し、そして新しいチリのありようを提示したという点で大きな功績を残しました。

フェミニズム運動が歩みを止めることはありません。二〇二四年三月八日の国際女性デーに伴い開催されたデモには、三五万人が参加したとされます。新憲法には結実せずとも、フェミニズム運動が喚起した問題意識は確実に社会に根づいているのです。フェミニズム運動が求める変革は道半ばであり、今後も新しいチリを追求する存在であり続けます。

おわりに

ラテンアメリカをまなざし、私たち自身をひきうけること

水口良樹

日本をめぐるさまざまな統計を見ると、諸外国に比べ日本の若者は親の世代よりも良い暮らしができるとは思えず、自分自身の行動が社会に何らかの影響を与えられるとも思えないと思っている人が圧倒的に多いようです。自分自身の価値も未来も見いだせない状況は、どれだけ若い世代を真綿でくるむように追い詰めているでしょうか。その静かな絶望の中でも彼らは殻の隙間から目を凝らしてサバイバルしていくための道を必死に模索しているように感じられます。そんな生きづらさと無力感に直面する度に、欧米の、ラテンアメリカの、アジアの、アフリカの、オセアニアの、そして日本のストリートにあふれる不正義と搾取、非人間化に対する怒りのパワーを知って欲しいと思うことが多々あります。

二〇一五年、アルゼンチンで十四歳の少女が交際していた十六歳の少年に殺害されました。このフェミサイドに対し、SNS上で #NiUnaMenos《ニウナメノス》（これ以上一人も殺させるな）というハッシュタグが一気に広がり、ブエノスアイレスだけで二十万人がストリートでフェミサイドにNOと声を上げました。スペインでも二〇一六年に意識のない女性への集団レイプに裁判所が抵抗しなかったためレイプに当たらないとした判決に何十万人ものデモが起こり、裁判官罷免の署名も一二〇万筆を超え法改正へと結びつきました。日本では娘をレイプし続けた父親が無罪となってもこのような大規模デモは起こりませんでしたが、フラワーデモという

性暴力と免罪に抗議するデモが各地に広まる転換点となり、ついに法改正へと結びつきました。このように怒りと抗議は社会の有り様を変えうるのです。日本社会ではデモが悪いことであるかのように喧伝され、透明化されている状況自体と闘う必要があることが、独裁国家然とした国家の巧妙な抑圧の強さを象徴しています。

それゆえ、私たちは「ルール」がおかしくてもおかしいと言って闘っていいのだという踏ん切りがなかなかつきません。そこで思い出すのは脳性麻痺当事者による自らを人間として認めさせるために闘った「青い芝の会」です。その行動綱領には以下のようなものがあります。「一、われらは愛と正義を否定する。われらは愛と正義の持つエゴイズムを鋭く告発し、それを否定する事によって生じる人間凝視に伴う相互理解こそ真の福祉であると信じ、且《かつ》、行動する。」「一、われらは問題解決の路を選ばない。われらは安易に問題の解決を図ろうとすることがいかに危険な妥協への出発であるか、身をもって知ってきた。われらは、次々と問題提起を行うことのみ我等の行いうる運動であると信じ、且、行動する。」［荒井二〇二〇：五五頁：ルビは引用者］押しつけられる正義、愛の名の下の支配、そういったものを否定する姿は大きな批判を浴びましたが、彼らは愛や正義の名の下に行われる障害者への行動制限やさまざまなコントロールを一種の呪縛としてしりぞけ、優しさや思いやりも差別であると切捨てた上で自分自身で決めて行動する権利を当然のこととして求めます。同時に様々な問題を早急に解決することの危険性を暴きました。速やかな解決とは、相手との話し合いの中で妥協を求められ、自らの生存をお情けで認めてもらうためにすり寄った末に我慢すべきという結論へと誘導されることを意味しました［荒井二〇二〇：五四―七一頁］。こうした過激な思想と強行される抗議行動はバッシングを受けつつも大きな影響を各方面に与えました。このようにフェミサイドに対する女性運動も障害者運動も社会運動の思想であるからこそ、互いにそれぞれの運動実践から学び、影響を受けつつ戦術を練ることが可能であったわけです。にもかかわらず、日本ではストリートへ出る人の数を増やすことが出来ぬまま、運動はお行儀良く節度をわきまえてやるべき論の中で、なかなか現状を変えられないまま、抑圧の中、生きることを余儀なくされているのです。

アルゼンチンでは八〇年代軍政期の苛烈な弾圧で何万人もの人々が誘拐され、虐殺されました。女性たちはレイプされ、生まれた子どもたちは実親から奪われて軍人などの養子にされてきた歴史があります（これが「五月広場の母たち」の活動が問いなおしてきた国家暴力でした）。こうした暴力は「職務」であり、拷問を行った軍人も家に帰れば良き父親であったという言説が長らく語られてきました。しかし、二〇一七年のニウナメノスのデモの場で、拷問と虐殺に関わった軍人の娘らが、いかに彼らの日常生活が収容所と接合しており、家父長制下の家庭の地獄が国家のなす地獄と地続きであったかを告発したのです［ガーゴ：二〇二二：五〇―五一頁］。自らの親を断罪し、絶縁し、その暴力を問い、新たな社会の在り方を創造する覚悟と意志がそこにはあります。

他方で日本は、自国が過去に起こした虐殺や暴力を精算せぬまま、植民地を広げる戦時体制下の独裁社会を「いいこともした」と語ることを許し、また戦時経験の多くも「被害者としての語り」に焦点化して大日本帝国による「加害」の問題をなかなか直視できぬまま現在に至っています。その結果、何が加害であるかすら検証も理解も不足したまま、戦後の東アジアや東南アジアへの、開発を名目とした新たな植民地主義の構築に無自覚に邁進してしまいました。それらは自らもアジア人であるにもかかわらず、「名誉白人」だと勘違いしてアジア人蔑視を正当化しうる環境を背景にしており、それは同時に家父長制を通じた女性の「採掘」とも一体化していました。

こうした開発主義の促進は、日本国内においても沖縄米軍基地問題や原発の地方への建設に象徴されるように、地方社会を利権に巻き込み分断して乗っ取る形で、地域社会と自然環境を壊した上に作り上げられてきました。このような植民地主義と新自由主義経済システムの暴走が生みだす地球環境の破壊、民主主義の解体と社会の軍事／警察化、そして戦争を前提とした社会・経済へと突入していくこの二一世紀の混沌の中で、私たちは、人間が他の生き物や自然と地続きの、地球に住む生命体の一つとしてどう生きていくのかに今再び向き合わざるを得ない時が来ているでしょう。今の経済システムや戦争といった人間の活動がいかに自らの足下を掘り崩して破滅につながる行為であるのかという現実は、もはや目を逸らして先延ばしできないところまで来てしまいました。

フェミサイドへの抗議運動や障害者運動が問うている社会の不平等と暴力による抑圧に対する闘争は、私たちの生きる社会のさまざまな別の問題と地続きでもある創造的活動です。それは新たな価値観、ともに互いの尊厳を認め合いながら生きていくための手法を模索するための営みでもあります。そうやって人の中にあるさまざまな分断やねじれを越えて、全ての人と世界（自然／人以外の生命）がともに生きられる社会を実現する希望を手放さずに、今を直視する勇気と社会をより良くする一歩の行動力を、私たちは大切に積み上げていきたい。少しでもこの本がその糧になれば嬉しく思います。

「2024 年 8 月のシンポジウム参加者が連帯として持ってきてくださった現地の「緑のバンダナ」の写真（撮影：洲崎圭子）」

記念寄稿

これまでと、これから ～ラテンアメリカ探訪通算二〇〇回～

土方美雄

1．メキシコ学勉強会としてスタート

確か二〇〇三年のことだったと思うが、私も参加していた「日本ラテンアメリカ協力ネットワーク（レコム）」の会員である和田佳浦さんから、彼女がそれまで住んでいたメキシコの魅力について自由に語り合う、「メキシコ学勉強会」というようなものを始めたいので協力してもらえませんかという相談を受けた。私はそれまでに何冊か、メキシコを含むメソアメリカの古代文明に関する本を書いていたことや、現代企画室の太田昌国さんが始められたサパティスタの支援運動にも、多少関わっていたことなどを彼女が知って、きっと相談して下さったのだろうとは思ったが、何をどうしたらよいのか、正直よくわからなかった。とりあえず、レコム内外のメキシコ好き、もしくは、メキシコが好きそうな人に声をかけまくったところ、幸い十人前後の人が関心を持って下さったので、勉強会を立ち上げることにした。

メキシコの魅力について自由に話し合うといっても、いくら何でも何か叩き台は必要だろうと思い、毎回発題者を決め、その人の関心領域について話してもらうことにした。二〇〇四年の初頭に開催した第一回目の勉強会には、たまたま面識があったジャーナリストの上野清士さんに「メキシコのポピュラー音楽の歴史と現在」という話をしていただいた。上野さんは、長くグアテマラとメキシコで暮らし帰国されたばかりだった。

その翌月には、呼びかけ人の和田佳浦さん自身が「サパティスタ等メキシコ先住民運動の現在」という話をされた。翌々月には、たまたま勉強会に参加されていた、当時大学生だった海老原美香さんに「メキシコ語学短期留学体験記」という話を、無茶ぶりでしていただいた。そして次の月には、私が「メキシコ古代文明の再検討　プロローグ」という話をしたら、早くも、

もうネタが尽きかけていた。

それでも、以下、さかぐちとおるさん「メキシコの民族舞踊」、金安顕一さん「メキシコ現代史（ファレス以降）」、山本和彦さん「メキシコを深く知るための基本文献案内」、三宅愛子さん「養豚からみる日本とメキシコ」と、悪戦苦闘が続く。いずれも、勉強会の参加者一人ひとりが、進んでかイヤイヤかはともかく、自らの得意分野を披露した。

そこで完全に持ち駒が尽き、第九回目のメキシコ学勉強会は、「メキシコ（他）料理教室」として開催した。「他」というのは、一応は、メキシコ料理をつくったのは和田佳浦さんだけで、私は、な、何と、沖縄発祥のタコライスを、そして、水口良樹さんはペルー料理！をつくったからである。水口さんは、勉強会に毎月来て下さった、ペルー音楽の研究者にして演奏家で、ご迷惑とは思ったが無理矢理お願いして、ペルー料理だったら…ということで、つくっていただくことになった。意外に好評だったことに味をしめ、その後も困った時の「料理教室」頼みが続いた。

実はメキシコ学勉強会には、水口さん以外にも、メキシコ以外のラテンアメリカの国に関心を持たれている方が、数多く参加されるようになっていた。これなら必ずしも毎回、メキシコの話をしなくてもいいなと思って、まずは水口さんに「比較研究：ペルーの大衆音楽」というテーマで話していただき、以降は、アルフレッド・大山さんに「コロンビア・フォルクローレ・フェスティバルの旅」、鈴木智子さんに「アンデスとアマゾンに同時に暮らせるペルー」、福田大治さんに「ボリビア音楽の発展と現在」等々、次第に扱う国とテーマを拡げていった。

参加メンバーやそのお友だちだけでは、やはり扱うテーマ的に限界になってきたので、外部から発題者をお招きするようになったことも大きな変化といえるだろう。たとえば、常連参加者の安藤二葉さんのお知り合いで、立教大教員の飯島みどりさんに「メキシコの映画」について語っていただいたり、詩人の細野豊さんに「オクタビオ・パスを語る～その詩を中心に」、慶応大教員の清水透さんに「チアパスから見えるもの：〈液状化〉の今」、神奈川大教員の故加藤薫さんに「骸骨の聖母サンタ・ムエルテ図像の不思議」、写真家の安部修二さんに「メキシコ植民地時代散歩　十字架にまつわる話」等々、普段なかなか聴くことのできないお話をしていただいたことは、メキシコ学勉強会の大きな財産になった。特に、加藤薫先生は重い病気をおして、遠方から東京へ出て来て下さった。加藤先生はその後逝去され、葬儀に参列したとても悲しい思い出も……。その加藤先生から譲っていただいた、メキシコで先生が購入されたサンタ・ムエルテ像は、今も私の仕事机の上に置いて、毎日眺めている。

もちろん、できるだけ自前で発題者を開拓する努力もした。ラテンアメリカを放浪しひどい目に逢い続けた人形作家の西村FELIZ《フェリス》さんには、「大人のための正しいメキシコでの生き残り方」というお話をしていただいた。コラソン・デ・メヒコの須藤むつ子さんと中村陽子さんには「メキシコ舞踊をみんなで踊ってみよう」という、舞踊のレクチャーをしていただいたりと、破天荒な企画も満載(何と、私も生まれて初めて踊った)。「リングスターズ」編集長の泉井弘之介さんにメキシコのルチャ・リブレ(プロレス)の話をしていただいたら、現役のプロレスラーである朱里さんが一緒に見えられて、その後、私は朱里さんの出られる試合に頻繁に通うようになり、ついにはそのお誕生日の会にまで招かれることになったり……と、それはそれは楽しい夢のような日々であった。

正直、勉強会は一、二年でネタも尽きるだろうから、そうしたらやめればいいやと、そう気楽に考えていたのだが、気がつけば二〇年も続け、いつの間にかライフワークのひとつになっていた。なお、二〇一二年九月からは、その名称を「メキシコ学勉強会」から、公募で「ラテンアメリカ探訪」へと変更した。その方が会のより実体に近いと、そう考えたからである。

2. 転機

大きな転機となったのは、東日本大震災の時と、非常事態宣言が何度も発令されたコロナ禍でのことだった。

東日本大震災は、東京周辺では震度五強程度で、決して大きな被害が出たわけではなかったのだが、その日は東京でも一切の交通手段が断絶し、私自身も、秋葉原の職場から住んでいる大田区まで、実に七時間以上歩いて帰宅することになった。その記憶や、その後電力不足で続いた計画停電等もあって、いわゆる常連参加者の多くが会に来なくなった。これは、対面での活動を重視するアナログ世代の私にとっては、いわば、手足をもがれたに等しい事態で、ひどく落ち込んだ。

コロナ禍ではさらに、勉強会の会場である千代田区和泉橋区民館自体が閉鎖され、月例会を開催すること自体ができなくなった。事実上の長い活動停止期間を経て、月例会はzoomで再開されることになったが、七〇代の老人の私はなかなか生理的になじめなかった。もちろん今では、たとえば国内はもとより、海外からの参加も可能にするzoom開催の長所は十分理解できるようになったし、事実、毎回zoomで参加してもいるのだが、もう自分の時代は終わったなぁ……との実感からなかなか抜けられずにいることも、また事実である。

長く続けてきた毎月の企画・立案はやめ、私よりは若い世代の世話人の水口良樹さんや金安顕一さんに委ね、自分は西村FELIZさんと共に、ラテンアメリカ探訪本体から枝分かれした「ラテンアメリカ探訪アート展NOSOTROS《ノスオトゥロス》」（年一回開催）に重点を置くようになった。なお、「NOSOTROS」展に関しては、別途『Nosotros Catálogo』（一〇〇〇円＋税、リプレーザ社発行、社会評論社発売）という本を出しているので、ここでは詳述しない。

3. これから

メキシコ学勉強会＝ラテンアメリカ探訪は、五〇回の節目の回に「私のとっておきのメキシコ～メキシコへの愛を語る～」、一〇〇回ではなく一〇一回目に「メキシカン・ガールズモード（ファッションショー&トーク）」、一五〇回目に「民衆芸術が切り取る社会　逸脱・越境・剽窃・転倒・反骨精神・笑い」という記念イベントを開催してきた。

そして、二〇〇回目の記念イベントが、本書のベースとなった「日本から考えるラテンアメリカとフェミニズム」である。立命館大学国際言語文化研究所ジェンダー研究会との共催による国際シンポジウムである。正直、私たちの身の丈に合わない、大きなテーマを扱ってしまったなぁ……という気もしないではない。しかし、開催してしまった以上、もう後には引けないので、本書を中南米マガジンから出版し、今後につなげたいと思う。私は今年七三歳なので、あとどれだけ頑張れるかわからないが、行けるところまではいってみるつもりである。考えればよくぞここまでやって来ることができたものである。ここまでやって来ることができたのであれば、あともう少し頑張ることができるかもしれない。頑張ろう。

【記録】シンポジウム「日本から考えるラテンアメリカとフェミニズム」

共　催：ラテンアメリカ探訪、立命館大学国際言語文化研究所ジェンダー研究会
日　時：二〇二四年八月三日（土）開場一〇時／開演一〇時三〇分
会　場：早稲田大学（早稲田キャンパス）十六号館 一〇六教室
参加人数：対面 四十五名、オンライン 一七八名

シンポジウムの趣旨：第二次世界大戦後の世界構造がガラガラと崩れ落ちようとしている現在、この背景にある植民地主義、資本主義、家父長制といった抑圧と搾取の構造を知ることは、より良い社会の実現に不可欠です。そしてラテンアメリカでは多様な生を生きるフェミニストたちによって、この三者の問題が、文学や芸術、生活実践や社会運動などを通して問いなおされてきました。今、ジェンダーギャップ指数が一二〇位前後をさまよう日本からこの問題を考えることは、いわゆる主流フェミニズムが透明化してきた問題をも含めて、日本のさまざまな状況にも新たな気づきをもたらすきっかけになるのではないかと考え、ラテンアメリカとフェミニズムをテーマにシンポジウムを開催しました。

※本シンポジウムの開催にあたっては、立命館大学国際言語文化研究所ジェンダー研究会およびJSPS科研費一九K二〇五八九（研究代表者：柳原恵）からの補助を受けました。

当日の様子

【記録】シンポジウム「日本から考えるラテンアメリカとフェミニズム」

参加者の方からのコメントの一部を紹介します

「ラテンアメリカのフェミニズムの歴史、発展、現在を知ることができました。」

「アートによるプロテストのアクティビティ、反権力運動が内包する抑圧構造という抑圧の多重性とそれへのプロテスト活動に興味を持ちました。」

「沖縄やアイヌまた蝦夷の歴史から考えても、在日韓国人中国人のフェミニズム、そして、自分。これからどうしたらいいんだろうとまだ消化不良ですが、もっと考えてみたいと思いました。」

シンポジウムフライヤー
使用写真の撮影：柳原恵、洲崎圭子
デザイン：池田英樹

当日の様子

謝辞

シンポジウムの開催ならびに本書の刊行にあたっては、ＪＳＰＳ科研費一九Ｋ二〇五八九（研究代表者：柳原恵）の助成を受けました。また、多数の個人・団体からご寄付をいただきました。皆様の温かいお志に心よりお礼申し上げます。

ご賛同者の中から、公開にご同意くださった方々のお名前を左記に記載いたします。（敬称略）

天野潤平
伊香祝子
ＮＡＢ就業教育研究所
大坪晶
株式会社アオラ・コーポレーション高橋政資
川崎那恵
河内千春
北田依利
黄智雄
後藤雄介
坂上香
佐々木直美
下野浩介
書肆アサンブレア田端広英
杉下由紀子
杉本星子
洲崎圭子
洲崎勝
高際裕哉
棚瀬あずさ
月野楓子
Tok10
永井五洋
新川志保子
日本ラテンアメリカ協力ネットワーク
馬場雄司
ヒトミ☆クバーナ
日向さやか
松浦秀明
三宅隆司
森村崇太
安本義正
山添剛
山本学／映像制作ブー
渡辺知子
渡部陽子

「日本から考えるラテンアメリカとフェミニズム」企画運営チーム

＜シンポジウム班＞

柳原恵（コーディネーター・司会）
水口良樹（コーディネーター・司会）
見田悠子（総括）
石田智恵（会場・機材）
杉下由紀子（受付・寄付）
洲崎圭子
高際裕哉
伊香祝子
土方美雄（ラテンアメリカ探訪代表世話人）
金安顕一（中南米マガジン）
池田英樹（フライヤーデザイン）
三島玲子（通訳）
鈴木恵子（通訳）

＜ブックレット班＞

水口良樹（編者）
柳原恵（編者）
洲崎圭子（編者）
金安顕一（中南米マガジン）
杉下由紀子（寄付管理）
土方美雄
池田英樹（デザイン編集）

＜資料作成班＞

水口良樹
洲崎圭子
新谷和輝
伊藤嘉章
見田悠子
中村達
梅崎かほり
藤田護

藤田護（ふじた・まもる） コラム⑨
アンデス・オーラルヒストリー工房（Taller de Historia Oral Andna, THOA）外部協力メンバー、慶應義塾大学環境情報学部専任講師。アンデス高地先住民の人類学、アイヌ語・アイヌ語口承文学研究、ラテンアメリカ研究などに取り組んでいる。最近の仕事に「「よく生きる（ブエンビビール）」という理念を問い直す：先住民の言葉と視点から何を学ぶことができるか」桑原武夫、清水唯一朗編著『総合政策学の方法論的展開』慶應義塾大学出版会、2023年）

細谷広美（ほそや・ひろみ） コラム③
文化人類学者、成蹊大学文学部教授、博士（文学）、『アンデスの宗教的世界』（明石書店 1997年）、『他者の帝国』（分担執筆、世界思想社 2008年）、『ペルーを知るための 66章』（編著、明石書店、2012年）、『グローバル化する＜正義＞の人類学』（共編著、昭和堂、2019年）他著書多数

三浦航太（みうら・こうた） コラム⑰
日本貿易振興機構アジア経済研究所地域研究センターラテンアメリカ研究グループ研究員。東京大学大学院総合文化研究科地域文化研究専攻単位取得満期退学。博士（学術）。専門は、ラテンアメリカ地域研究（とくにチリの政治・社会に関する研究）、社会運動論（とくに社会運動が政治にもたらす影響に関する研究）。

吉原令子（よしはら・れいこ） コラム⑫
日本大学教員。専門はアメリカの女性運動史、および、フェミニズム教育学。主な著書に『アメリカの第二波フェミニズム』（ドメス出版）、*The Socially Responsible Feminist EFL Classroom*（Multilingual Matters）、共訳にベル・フックス著『学ぶことは、とびこえること：自由のためのフェミニズム教育』（ちくま学芸文庫）等。

＜翻訳＞

三島玲子（みしま・れいこ） 第二章翻訳
スペイン語通訳者。横浜国立大学大学院都市イノベーション学府都市地域社会コース博士課程前期修了。研究分野はジェンダーと開発、多文化共生。上智大学外国語学部卒業後、長年メキシコにて日系企業・JICA 関係の通訳・翻訳に携わる。訳書に日比野克彦『TURN on the Earth 〜わたしはちきゅうのこだま〜』（東京藝術大学出版会）スペイン語訳（共訳）。

＜資料作成協力者＞

伊藤嘉章（いとう・よしあき） 音楽資料
音楽ライター。音楽雑誌、ライナーノーツ等執筆。共著に『カリブ・ラテンアメリカ音の地図』『米国ラテン音楽ディスク・ガイド 50's-80's』。ラテン音楽 Web マガジン "eLPop" メンバー。NHK『テレビでスペイン語』音楽欄担当。鎌倉 FM『世界はジャズを求めてる』パーソナリティ、DJ。プエルトリコ5年在住し現地の音を研究。

見田悠子（みた・ゆうこ） 文学資料
翻訳家、スペイン語文学研究者、大学講師。訳書に『パピルスのなかの永遠』（イレネ・バジェホ、作品社）他。主な論文、論考に「黄金郷の孤独」（『れにくさ』2013年）、「いくつもの世界がひしめく文学」（『ユリイカ』2014年7月号）、「『眠れる美女』以降のガルシア＝マルケス」（『〈転生〉する川端康成』 文学通信）他

海老原弘子（えびはら・ひろこ） コラム①
アナキズム愛好家／イベリア書店事務員。スペインのアナキズムに関する執筆や翻訳が趣味。訳書ラモン・チャオ『チェのさすらい』（トランジスター・プレス、2011）、共訳書ナバロ／トーレス／ガルソン『もうひとつの道はある：雇用と社会福祉のための提案』（柘植書房新社、2013）など

加藤里織（かとう・さおり） コラム⑤
神奈川大学日本常民文化研究所非文字資料研究センター客員研究員ほか。JICA横浜海外移住資料館の展示ガイド活動を機に移民に関心を持ち、現在は奄美沖縄を中心とした東アジアからの人とモノの移動について研究している。主な論文に「越境する〈周縁〉の人びと：徳之島南米移民を事例に」『歴史と民俗』38号（平凡社、2022年）。

柴田修子（しばた・のぶこ） コラム⑪
同志社大学グローバル地域文化学部准教授。専門は社会学、ラテンアメリカ地域研究。主な著作は「メキシコにおける移民／難民の法整備と実態」宇佐見耕一編著『ラテンアメリカと国際人権レジーム』（晃洋書房、2024年）、「トゥマコの都市形成とクライエンテリズム」幡谷則子・千代勇一編著『辺境からコロンビアを見る』（上智大学出版、2024年）

鋤柄史子（すきから・ふみこ） コラム⑩
研究者。翻訳家。チアパス高地先住民の文学と翻訳実践について研究する。共編『記録のマテリアリズム移動／移民とモノをめぐる日墨研究者による対話』（2021年、神戸大学出版）、共著『人はなぜ神話を語るのか』（2022年、文学通信）、翻訳にエレナ・ポニアトウスカ『乾杯、神さま』（2023年、幻戯書房）など。

高際裕哉（たかぎわ・ゆうや） コラム⑮
獨協大学他非常勤講師。ラテンアメリカ文学・文化研究。特に 1920-30年代のアルゼンチン文学。東京外国語大学大学院総合国際学研究科博士後期課程満期退学

中村達（なかむら・とおる） コラム⑥
千葉工業大学助教。専門は英語圏を中心としたカリブ海文学・思想。2020年西インド諸島大学モナキャンパスより PhD with High Commendation（Literatures in English）を取得。2024年『私が諸島である：カリブ海思想入門』（書肆侃侃房、2023）で第46回サントリー学芸賞（思想・歴史部門）受賞。

新谷和輝（にいや・かずき） コラム⑬・映画資料
1994年岡山県生まれ。チリやキューバを中心とするラテンアメリカ映画研究者。主な論文に「証言映画としての『チリの闘い』：闘争の記憶を継承するために」（『映像学』）、「不自然な観客のために：ラテンアメリカ映画の宛先」（『エクリヲ』vol.15）など。字幕翻訳や上映会企画、映画祭予備審査なども行う。

馬場香織（ばば・かおり） コラム④
東京大学大学院法学政治学研究科博士課程修了、博士（法学）。現在、北海道大学大学院法学研究科准教授（比較政治、メキシコ政治）。近年の著作に、「メキシコ：パリテ議会がもたらす政策とその効果」（三浦まり編『ジェンダー・クオータがもたらす新しい政治：効果の検証』法律文化社、2024年）、ほか。

土方美雄（ひじかた・よしお） 記念寄稿
フリーランスライター、ラテンアメリカ探訪代表世話人、古代アメリカ学会会員、「中南米マガジン」スタッフ等。著書に、『マヤ終焉メソアメリカを歩く』（新評論）『ミステリー&ファンタジーツアーマヤ / アステカ』（新紀元社）『マヤ・アステカの神々』（同）『エル・ミラドールへ、そのさらに彼方へメソアメリカ遺跡紀行』（社会評論社）等多数。

廣瀬純（ひろせ・じゅん） 第四章
1971年、東京生まれ。龍谷大学教員。寄稿論文に関連する著書に『新空位時代の政治哲学』(2023)、*¿Cómo imponer un límite absoluto al capitalismo : Filosofía política de Deleuze y Guattari* (2021) など。

執筆者情報

<編者>

水口良樹（みずぐち・よしき） 序章・コラム⑭・おわりに・音楽 / 文献 / 論文資料・第二章監訳
人類学。ペルー音楽研究。大学非常勤講師。ラテンアメリカ探訪世話人、井戸端人類学 F2キッチン世話人、ラテン音楽Webマガジン "eLPop" メンバー。共著『中南米の音楽』（東京堂出版、2010)、分担執筆『ラテンアメリカ文化事典』（丸善出版、2021)、翻訳ニコメデス・サンタ・クルス『クマナナ：アフロ・ペルーの詩と歌』（ビンズレコード、2012)、などなど。

洲崎圭子（すさき・けいこ） 第一章・文学 / 文献資料・第二章監訳
お茶の水女子大学グローバルリーダーシップ研究所研究協力員。博士（人文科学）。中央大学他非常勤講師。単著『《産まない女》に夜明けはこない： ロサリオ・カステリャノス研究』（世織書房、2021)。「ラテンアメリカ文学」『ジェンダー事典』（丸善出版、2024）「今、女性作家の時代がやってきた」『ラテンアメリカ文学を旅する 58章』（明石書店、2024）など。

柳原恵（やなぎわら・めぐみ） 刊行にあたって・コラム⑯・第二章監訳・シンポジウム記録
立命館大学産業社会学部准教授、お茶の水女子大学ジェンダード・イノベーション研究所准教授（兼任)。博士（学術)。単著に『〈化外〉のフェミニズム：岩手・麗ら舎読書会の〈おなご〉たち』（ドメス出版、2018)、共著に *Feminismo e identidades de género en Japón*（Bellaterra, 2021）など。

<執筆担当者>

カリーナ・アウマーダ・パイラウエケ（Karina Ahumada Pailahueque）第二章
社会学者。Universidad Academia de Humanismo Cristiano。チリ大学社会科学部ジェンダー・文化研究修士課程修了。人権、コレクティブ・アクション、フェミニズム、貧困問題に関心があり、農村女性、移民、ポブラドーラス〔貧困地区の女性住民〕を対象とした調査を実施してきた。現在、プダウエル地区先住民事務所コーディネーター。

浅倉寛子（あさくら・ひろこ） コラム⑧
メキシコ社会人類学高等学術研究所メキシコシティ支部教授。お茶の水女子大学人間発達科学専攻（学術博士）とメキシコ社会人類学高等研究所（人類学博士）で学ぶ。メキシコ先住民女性や中米女性、メキシコ在住日本人駐在員に関する移動を取り巻く状況を、ジェンダーや感情人類学・感情社会学の視点から研究する。

岩間香純（いわま・かすみ） 第三章
アメリカと日本の間で育ったミレニアル世代目線で表現するアーティスト、翻訳家。アメリカの美大卒業。エクアドルの大学院を修了。2022年から 2023年には、エクアドルと日本のフェミニストやアーティストをつなげるアート・アクティビズム・プロジェクト「闘う糸の会」を実施。2017年からエクアドルのキト在住。

上村淳志（うえむら・あつし） コラム⑦
高崎経済大学経済学部ほか非常勤講師。専門は文化人類学。主な論文に、「メキシコの同性婚認可における最高司法裁判所の存在感」（『イベロアメリカ研究』第45巻、2024)、「現代メキシコにおける性文化の混淆実態」（『地域政策研究』第22巻4号、2020）などがある。

江口佳子（えぐち・よしこ） コラム②
現在、常葉大学外国語学部教授。専攻＝ブラジル文学。訳書にフーベン・フォンセッカ『あけましておめでとう』（2018年)、リジア・ファグンジス・テーリス『三人の女たち』（2022年)、イタマール・ヴィエイラ・ジュニオール『曲がった鋤』（2022年、共訳者武田千香、ともに水声社）がある。

●コラム⑫「チカーナ・フェミニスト　グロリア・アンサルドゥーア」吉原令子

Anzaldúa, Gloria. 1983. "La Prieta" in Cherríe Moraga and Gloria Anzaldúa(eds.), *This Bridge Called My Back: Writings by Radical Women of Color*(New York: Kitchen Table, Women of Color Press), pp.198-209

――. 1987. *Borderlands/La Frontera: The New Mestiza*(San Francisco: Aunt Lute books)

●コラム⑮「モンセラート・サゴによる中米の現在とフェミニズム」高際裕哉

Retana, Camilo; Butler, Judith[et al.] 2023. *Cartografías de género*, Buenos Aires: CLACSO

●コラム⑰「チリにおける変革のうねりとフェミニズム運動」三浦航太

松久玲子・山蔭昭子. 2003.「チリにおける女性の政治参加と社会運動：チリ調査報告書」(『社会科学（同志社大学人文科学研究所)』70号), pp.133-152

三浦航太・北野浩一. 2023.「チリの 2022 年新憲法案はなぜ国民投票で否決されたのか」(『ラテンアメリカ・レポート』39巻2号), pp.1-16

柳原恵. 2021.「COVID-19 パンデミックにおけるフェミニズム運動の視座と実践：南米チリを事例として」(『国際ジェンダー学会誌』19号), pp.54-68

Arce-Riffo, Javiera y Julieta Suárez-Cao. 2021. "La paridad chilena y la lucha por una representación efectiva de las mujeres en política," *Anuario de Derecho Público(Universidad Diego Portales)*, 1, pp.129-147.

Perry, Sarah, and Silvia Borzutzky. 2022. ""The Revolution Will Be Feminist-Or It Won't Be a Revolution": Feminist Response to Inequality in Chile," *Social Inclusion*, 10(1), pp.46-57

●おわりに「ラテンアメリカをまなざし、私たち自身をひきうけること」水口良樹

荒井裕樹. 2020.『障害者差別を問いなおす』ちくま新書

ガーゴ、ベロニカ. 2021.「身体 - 領土：戦場としての身体」(『思想』no.1162), pp.32-59

廣瀬純. 2021.「採掘主義と家父長制：現代ラテンアメリカのフェミニズム」(『思想』no.1162), pp.60-77

●コラム⑦「スポーツにおける男性同性愛嫌悪：サッカー・メキシコ代表の応援と国際サッカー連盟（FIFA）の制裁」上村淳志

上村淳志．2013.「アルブール論再考：現代メキシコのゲイ・アイデンティティを持つ者にとっての機能」（『イベロアメリカ研究』35巻 1号），pp.69-85

――．2021.「LGBT 運動」（ラテンアメリカ文化事典編集委員会編『ラテンアメリカ文化事典』丸善出版），pp.178-179

畑惠子編著．2024.『ラテンアメリカの LGBT：権利保障に関する6か国の比較研究』明石書店

平井伸治．2002.「ゲームの中のマチスモ：アマチュア・サッカーとメキシコの多様な『男らしさ』」（『社会人類学年報』28巻），pp.181-197

Borg, Simon. 2024. "Explaining the homophobic chant that has Mexico's soccer federation in hot water with FIFA." October 16. https://www.sportingnews.com/us/soccer/news/homophobic-chant-mexico-soccerfederation-fifa/1vfctcoupayz41bbv8 mdwxl108（2024年10月31日アクセス確認）

●コラム⑧「ラテンアメリカの有償家事労働者事情」浅倉寛子

伊藤るり編．2020.『家事労働の国際社会学。ディーセントワークを求めて』人文書院

松久玲子．2017.「家事労働者条約」批准をめぐるラテンアメリカ諸国の動向」（GR：同志社大学グローバル地域文化学会紀要），9号，pp.49-78

International Labour Organization. 2021. *Making decent work a reality for domestic workers: Progress and prospects ten years after the adoption of the Domestic Workers Convention, 2011 (No. 18)*(International Labour Office-Geneva).

●コラム⑨「ボリビアの先住民女性の声とフェミニズム」藤田護

ドミティーラ、M・ヴィーゼル．1984.『私にも話させて：アンデスの鉱山に生きる人々の物語』唐澤秀子訳．現代企画室

Aillón, Virginia. 2015. "Debates en el feminismo boliviano: de la Convención de 1929 al' proceso de cambio'. "*Ciencia y cultura, no.34*, La Paz: Universidad Católica Boliviana "San Pablo", pp.9-29

Calle, Felipa, Arturo Alvizuri y Hayda Campos, recopilado por Alison Spedding Pallet y Abraham Colque Jiménez. 2003. *Nosotros los yungueños. Nanakax Yunkastuqinkiripxtw. Testimonios de los yungueños del siglo xx*. La Paz: Mama Huaco.

Monasterios Pérez, Elizabeth. 2006. *No pudieron con nosotras. El desafío de feminismo autónomo de Mujeres Creando*. La Paz: Plural Editores.

Nina Huarcacho, Filomena y el equipo THOA. 2009. *Detrás del cristal con que se mira. Mujeres del Altiplano, órdenes normativos e interlegalidad*. La Paz: Coordinadora de la Mujer.

Taller de Historia Oral Andina. 2023. *Historia oral andina. Cuatro textos fundamentales*. La Paz: Taller de Historia Oral Andina y Friedrich Ebert Stiftung.

Taller de Historia Oral Andina. 1990. *La mujer andina en la historia*. Chukiyawu(La Paz): Ediciones THOA.

Viezzer, Moema. 1978［1977］. *"Si me permiten hablar…" Testimonio de Domitila, una mujer de minas de Bolivia(4ta. edición)*. México DF: Siglo XXI Editores.

●コラム⑩「女性の身体と詩とバイリンガル」鋤柄史子

Bentzulul, Susi. 2023. *Tenbilal antsetik. Mujeres olvidadas*. FCE.

Laughlin, Robert M. 2010. *Mol Cholobil K'op ta Sotz'leb, El gran diccionario tzotzil de San Lorenzo Zinacantán*, Sna Jtz'ibajom

Observatorio Social. 2015. *Pueblos Indígenas. Síntesis de Resultados*. Disponible en: http://observatorio.ministeriodesarrollosocial.gob.cl/casenmultidimensional/casen/docs/CASEN_2015_Resultados_pueblos_indigenas.pdf

Painemal, Millaray. 2013. "Mujeres Mapuche y el aporte del feminismo en la lucha contra la violencia de género" [on line]. Disponible en: http://ftp.kaosenlared.net/kaos-tv/55844-mujeresmapuche-y-el-aporte-del-feminismo-en-la-lucha-contra-la-violencia-de-g%C3%A9nero

Painemal, Millaray y Álvarez, Andrea. 2016 "Construyendo herramientas descolonizadas:Prevención de violencia con mujeres mapuche", en Painemal y Álvarez(comps.): *Mujeres y Pueblos Originarios. Luchas y resistencias hacia la descolonización*, p.72-80. Santiago de Chile: Editorial Pehuén.

Painemal, Millaray y Cañet, Isabel. 2018. "¿Es que acaso debemos ser todas feministas? Reflexiones de mujeres Mapuche para un debate" [on line]. Disponible en: http://www.mapuexpress.org/?p=23710

Quiñimil, Doris. 2012. "Un proceso autoetnográfico para la descolonización feminista de las categorías mujer, mapuche, urbana, a través del aborto". Tesis(Máster Erasmus Mundus en Estudios de las Mujeres y de Género). Granada, España: Universidad de Granada, Facultad de Ciencias Sociales y Jurídicas.

Rivera, Tarcila. 1999. *El andar de las mujeres indígenas*. Lima, Perú: Ed. Chirapac.

Segato, Rita. 2011 "Género y colonialidad: en busca de claves de lectura y de un vocabulario estratégico descolonial", en: Bidaseca y Vásquez.(comps.): *Feminismos y Poscolononialidad. Descolonizando el feminismo desde y en América Latina*, pp.17- 48. Buenos Aires, Argentina: Godot.

●コラム①「女性解放とアナキズム」海老原弘子

水田珠枝. 1979.『女性解放思想史』筑摩書房

戸田三三冬. 2020.『平和学と歴史学：アナキズムの可能性』三元社

●コラム②「ブラジル現代女性文学：「語りの場所」を広げる女性たちの歩み」江口佳子

Dalcastagnè, Regina. 2012. Literatura brasileira contemporânea：um território contestado(São Paulo：Horizonte)

●コラム④「メキシコにおける女性の政治参画」馬場香織

馬場香織・リヴィ井手弘子. 2024.「パリテと実質的代表への道―メキシコからの示唆」(『学術会議叢書31 女性の政治参画をどう進めるか』), pp.233-244

●コラム⑤「「楽土」の影：伝統と進歩の狭間で生きるブラジルブラジル日系移民女性の現実」加藤里織

小野政子 / 中田みちよ / 斎藤早百合 / 土田町枝 / 大槻京子 / 松本純子. 2007.『女たちのブラジル移住史』毎日新聞社

サンパウロ新聞編集局. 2009.『100年：ブラジルへ渡った100人の女性の物語』サンパウロ新聞社

●コラム⑥「カリビアン・フェミニズムを繋ぐ「エロティック」」中村達

Cooper, Carolyn. 1993 *Noises in the Blood：Orality, Gender and the " Vulgar " Body of Jamaican Popular Culture*. London: Macmillan.

Lorde, Audre. 1984. "Uses of the Erotic: The erotic as Power." *Sister Outsider: Essays and Speeches*. Berkeley: Crossing Press, pp.53-59

●第二章「プダウエル区（チリ、サンティアゴ）におけるマプーチェ・フェミニズムの出現に関する考察」
カリーナ・アウマーダ・パイラウエケ（訳：三島玲子　監訳・編集部注：柳原恵他）

Ahumada, Karina. 2016 "Recuperación del rol de las mujeres pobladoras en la historia de Pudahuel (1965-1989): Luchas y sueños por extrapolar". Tesis(Magíster en Estudios de Género y Cultura). Santiago de Chile: Universidad de Chile, Facultad de Ciencias Sociales.

Ancán, José. 2010. "Negritud y "cosmovisionismo" mapuche frente al poder(neo) colonial. Apunte(muy) preliminares para una reflexión(auto) crítica", en Oliva, Stecher y Zapata(eds.): *Aimé Césaire desde América Latina. Diálogos con el poeta de la negritud*, p.101-126. Santiago de Chile: Ediciones Facultad de Filosofía y Humanidades, Universidad de Chile.

Arellano, Claudia. 2015. "Despatriarcalizando: Julieta Paredes y su vinculación con el discurso político y poético de mujeres mapuche", en *Revista Antropologías del Sur*, Vol. 2, No 4. pp.53-65.

BCN. 2017. Reportes Estadísticos Comunales. Pudahuel. Disponible en: https://reportescomunales.bcn.cl/2017/index.php/Pudahuel

Calfio, Margarita. 2009. "Mujeres mapuche, voces y acciones en momentos de la historia", en Pequeño (comp.): *Participación y políticas de mujeres indígenas en contextos latinoamericanos recientes*, pp.91-109. Quito, Ecuador: Ediciones FLACSO-Ecuador.

Cumes, Aura. 2009. "Multiculturalismo, género y feminismos: mujeres diversas, luchas complejas", en Pequeño(comp.): *Participación y políticas de mujeres indígenas en contextos latinoamericanos recientes*, pp.29-51. Quito, Ecuador : Ediciones FLACSO-Ecuador.

Espinoza, Yuderkys. 2014. "Una crítica descolonial a la epistemología feminista crítica" en *Revista El Cotidiano*, No 184,[On Line]. Disponible en: https://es.scribd.com/document/389176220/Towards-a-Decolonial-Feminism

Forciniti, Martín y Palumbo, Mercedes. 2012. "Discursos y prácticas de resistencia del feminismo indígena: desafíos para el feminismo académico y aportes para un diálogo intercultural". [on line]. Disponible en: https://www.academia.edu/8753230/Discursos_y_pr%C3%A1cticas_de_resistencia_del_feminismo_ind%C3%ADgena_desaf%C3%ADos_para_el_feminismo_acad%C3%A9mico_y_ap ortes_para_un_di%C3%A1logo_intercultural_junto_a_Mart%C3%ADn_Forciniti_

Gargallo, Francesca. 2011. "Una metodología para detectar lo que de hegemónico ha recogido el feminismo académico latinoamericano y caribeño", en Blazquez, Flores y Ríos(coords.): *Investigación feminista. Epistemología, metodología y representaciones sociales*, pp.155-179. Ciudad de México : CEIICH/UNAM.

——. 2012. "El feminismo autónomo de las mujeres de los pueblos de AbyaYala"[on line]. Disponible en: https://francescagargallo.wordpress.com/ensayos/feminismo/no-occidental/el-feminismo-autonomo-de-las-mujeres-de-los-pueblos-de-abya-yala/

Hernández, Rosalva Aída. 2008. "Feminismos poscoloniales: reflexiones desde el sur del Río Bravo", en: Suarez y Hernández(comps.): *Descolonizando el Feminismo: Teorías y Prácticas desde los Márgenes*, pp.75-116. Madrid, España: Ediciones Cátedra.

Lorente, Maite. 2005. "Diálogos entre culturas: una reflexión sobre feminismo, género, desarrollo y mujeres indígenas kiwcha" [on line]. Disponible en: https://www.ucm.es/data/cont/docs/430-2013-10-27-PP%2001-05.pdf

Lugones, María. 2010. "Towards a decolonial feminism" en *Revista Hypatía*, No 24, [On Line].Disponible en: https://es.scribd.com/document/389176220/Towards-a-Decolonial- Feminism

Menard, André. 2012 "Políticas del reducto (mapuche)", en *Actuel Marx/Intervenciones*, No 12, [On Line]. Disponible en: https://www.researchgate.net/publication/322255916_politicas_del_reducto_mapuche

旦敬介．2007.「〈訳者まえがき〉アメリカ大陸最初の作家ソル・フアナ」（ソル・フアナ『知への賛歌：修道女フアナの手紙』旦敬介訳、光文社古典新訳文庫）pp.8-12
土屋和代．2024.「序「インターセクショナリティ」に何ができるのか」（土屋和代・井坂理穂編『インターセクショナリティ現代世界を織りなす力学』東京大学出版会）pp.9-21
畑惠子．2019.「性的マイノリティと人権ー国際社会、日本、ラテンアメリカ」（『福祉社会へのアプローチ［下］』成文堂）pp.277-303.
バトラー、ジュディス．2022.「反ジェンダー、反多様性にフェミニズムは反抗する」（『エトセトラ』8）pp.89-103
林和宏．2004.「ゆらぐマチスモ：「転換期」メキシコにおける男性アイデンティティ」（『ラテンアメリカ・カリブ研究』11）pp.1-11
フェイ、ショーン．2022.『トランスジェンダー問題：議論は正義のために』高井ゆと里訳．明石書店．
ベジン、アンドレ、ナティ・ガルシア・グァディーリャ．1986.「〈学会展望〉ラテンアメリカのマチスモに関する7つの誤った考え方」（『イベロアメリカ研究』8-1）pp.54-62
牧野雅子．2023.「Ⅰジェンダーをめぐるキーワード　フェミサイド」（『ジェンダー史学』19）pp.63-67
松久玲子．1999.「ラテンアメリカのフェミニズムと民主主義」（『神奈川大学評論』33）pp.70-78
森山至貴．2017．『LGBTを読みとく：クィアスタディーズ入門』ちくま新書
Castañeda, Marina. 2007. *El machismo invisible regresa*. (Santillana Ediciones Generales)
Castellanos, Rosario. 1973. *Mujer que sabe latín*. (Secretaría de Educación Pública)
——. 2006. *Mujer de Palabras. Artículos rescatados de Rosario Castellanos*, Vol. II. Compilación, introducción y notas Andrea Reyes (CONACULTA).
Enriquez, Mariana. 2022. " Entrevista Mariana Enriquez: "Los argentinos también queremos dejar de escribir de la dictadura, pero no podemos escapar," RTVE. 05/06/2022
〈https://www.rtve.es/noticias/20220605/mariana-enriquez-terror-dictadura-argentina/2363043.shtml〉（最終閲覧 2024年7月10日）
González-López, Gloria and Gutmann, Matthew C. 2005. " MACHISMO," Horowitz, Maryanne Cline (ed.), *New dictionary of the history of ideas* (Charles Scribner's Sons), pp.1328-1330
Gutmann, Matthew. 2007. "MACHISMO(AND MACHO)", *International Encyclopedia of Men and Masculinities* (Routledge) p.372
〈https://www.academia.edu/444498/International_Encyclopedia_of_Men_and_Masculi nities_2007_〉（最終閲覧 2024年8月5日）
Laurent, Claire, Michael Platzer and Maria Idomir(eds.). 2013. " Femicide: A Global Issue That Demands Action," (Academic Council on the United Nations System).
〈https://www.unsavienna.org/sites/default/files/2020-08/Femicide%20I_0.pdf〉（最終閲覧2024年8月15日）
Machillot, Didier. 2013. *Machos y Machistas : Historia de los estereotipos mexicanos*. (Ariel).
Perlmutter, Lillian. 2024. "The only healing will be through justice' : Pulitzer winner Cristina Rivera Garza on femicide in Mexico." *Guardian*, 14 May 2024.
〈https://www.theguardian.com/books/article/2024/may/14/pulitzer-winner-cristina-rivera-garza-femicide-in-mexico-lilianas-invincible-summer〉（最終閲覧 2024年7月5日）
World Economic Forum. 2024. " Global Gender Gap Report 2024".
〈https://www.weforum.org/publications/global-gender-gap-report-2024/〉（最終閲覧2024年3月22日）
Schons, Dorothy. 1925. " The First Feminist in the New World," *Equal Rights*, 38 (Oct.31).
〈https://vtext.valdosta.edu/xmlui/bitstream/handle/10428/6588/ms144_equal-rights_19251031a.pdf〉（最終閲覧 2024年3月30日）

参考文献

●序章「日本からラテンアメリカとフェミニズムを考えるとはどういうことか」水口良樹

糸魚川美樹．2022.「ジェンダーに関する包括的言語使用 (lenguaje inclusivo) について：スペイン語を例に」(『ロマンス語学研究』55号)

井上幸孝．2023.「アステカ征服をめぐる多様な視点：トラスカラ，テツココに関する先住民クロニカから」(『専修人文論集』112号) pp.197-224

エステベス、カルロス / カルロス・タイボ．2013.『反グローバリゼーションの声』大津真作訳．晃洋書房

江原由美子．2021.『ジェンダー秩序 新装版』勁草書房

岡真理．2019.『彼女の「正しい」名前とは何か：第三世界フェミニズムの思想』青土社

ガーゴ、ベロニカ．2021.「身体 - 領土：戦場としての身体」石田智恵訳（『思想』1162号）pp.32-59

竹村和子．2024.『フェミニズム』岩波現代文庫

棚瀬あずさ．2024.「あらゆる境界をこえて：チカーナ詩人グロリア・アンサルドゥーア」（久野量一/松本健二編『ラテンアメリカ文学を旅する 58章』明石書店）pp.239-244

中村達．2023.『私が諸島である：カリブ海思想入門』書肆侃侃房

廣瀬純．2021.「採掘主義と家父長制：現代ラテンアメリカのフェニニズム」（『思想』1162号）pp.60-77

吉原令子．2000.「境界に位置する Identities：グロリア・アンサルドゥーアの Borderlands/La Frontera: The New Mestiza を通して」（『英米文化』vol.30）pp.79-99

ロビラ、ギオマル．2005.『メキシコ先住民女性の夜明け』柴田修子訳．日本経済評論社

●第一章「ラテンアメリカ文学、フェミニズム、そしてマチスモ」洲崎圭子

青砥清一．2019.「メキシコ第3の性 = ムシェについて」（『津田塾大学国際関係研究所報』54）pp.8-15

アンサルドゥーア、グローリア．1991.「メスティーサの自覚　新しい自覚に向けて」斎藤文子訳（『現代思想』19, 9）pp.63-75

飯田祐子．1998.『彼らの物語：日本近代文学とジェンダー』名古屋大学出版会

上野千鶴子．2022.『フェミニズムがひらいた道』NHK 出版

――．2019.「平成31年度東京大学学部入学式祝辞」〈https://www.u-tokyo.ac.jp/ja/about/president/b_message31_03.html〉（最終閲覧 2024年3月22日）

岡野八代．2024.「解説　未来からもたらされた、フェミニズム」（竹村和子『フェミニズム』岩波現代文庫）pp.197-219

カステジャノス、ロサリオ．2002.「資料55 狂った美徳、自己犠牲」松久玲子訳（松久玲子編『メキシコの女たちの声：メキシコ・フェミニズム運動資料集』行路社）pp.281-284

軽部理人．2024a.「メキシコ初の女性大統領、治安改善へ問われる手腕 地方選では殺人も」（『朝日新聞』、2024年6月4日）

――．2024b.「待望の「プレシデンタ」、男性優位のメキシコを変えた女性たちの運動」（『朝日新聞』、2024年6月12日）

庄司啓一．1983.「ブラセロ計画についての一考察」（『城西経済学会誌』19-1）pp.19-38

洲崎圭子．2021.『《産まない女》に夜明けは来ないロサリオ・カステリャノス研究』世織書房

――．2024.「ラテンアメリカ文学」（ジェンダー事典編集委員会編『ジェンダー事典』）丸善出版　pp.508-509

竹村和子．2004.「フェミニズムの「文学力」宣言　序にかえて」（海老根静江・竹村和子編『かくも多彩な女たちの軌跡』南雲堂）pp.3-12

――．2024.『フェミニズム』岩波現代文庫

田村梨花・三田千代子・拝野寿美子・渡会環共編．2024.『ブラジルの人と社会［改訂版］』上智大学出版

林和宏「戦略としてのマチスモ：チカーノ運動と交渉される「男らしさ」」
『京都ラテンアメリカ研究所紀要』4, 23-42頁, 2004
林和宏「マチスモを通して見るラテンアメリカ・フェミニズム：メキシコを足がかりに」
『ラテンアメリカ・カリブ研究』12, 25–34頁, 2005
藤掛洋子「パラグアイの女性政策とジェンダー：「国連女性の 10 年」と民主化の中で」
『ラテンアメリカ・レポート』19(1), 32-42頁, 2002
藤掛洋子「農村女性のエンパワーメントとジェンダー構造の変容：パラグアイ生活改善プロジェクトの評価事例より」
『国際ジェンダー学会誌』6, 101-132頁, 2008
伏見岳志「ラテンアメリカのジェンダー史：REDMUGEN の成果を中心に」
『ジェンダー史学』14, 137-147 頁 .2018
藤原佐和子「ラテンアメリカのエコフェミニスト神学とイヴォネ・ゲバラ：Longing for Running Water（1991年）を中心に」
『基督教研究』80, 121-142頁, 2018
松下洋「21 世紀のアルゼンチン外交に見るゲリラ思想の影：ゲリラ思想を復権させた母親たち」
『京都女子大学現代社会研究』, 5-22頁 2015
松久玲子・山蔭昭子「チリにおける女性の政治参加と社会運動：チリ調査報告書」
『社会科学』70,133-152頁, 2003
松久玲子「エレナ・トレス：メキシコ革命期のフェミニスト教育家の軌跡」
『言語文化』10, 121-140頁, 2007
松久玲子「メキシコのフェミニズム運動と女性政策」
『京都ラテンアメリカ研究所紀要』10, 127-152頁, 2010
松久玲子「第二次オルテガ政権下のジェンダー平等政策とフェミニズム運動：ニカラグアのジェンダー・クオータと実質的代表をめぐって」
『ラテンアメリカ研究年報』37, 23-51頁, 2017
松久玲子「ニカラグアにおける性的マイノリティの権利擁護運動：サンディニスタ革命から現代まで」
『社会科学』50, 221-241頁, 2021
三宅(志柿)禎子「ポストコロニアル・フェミニズムとナショナリズム：プエルトリコ女性たちの辿った歴史、経験の記憶」
『岩手県立大学社会福祉学部紀要』6(2), 81-88頁, 2004
三宅禎子「世界および日本の女性差別撤廃史におけるラテンアメリカ・カリブ地域女性運動の影響と貢献」
『リベラル・アーツ』7, 33-44頁, 2013
三宅由夏「石の記憶：ジーン・リース『サルガッソーの広い海』における沈黙と真正性についての覚書」
『現代文芸論研究室論集』10(1), 574-588頁, 2020
モリニュー、マキシン（藤掛洋子訳／伊藤るり解題）「〈解放なき動員〉を問う：ニカラグアにおける女性の利害関心、国家、そして革命」
『ジェンダー研究』6, 123-140頁, 2003
安村直巳「ラテンアメリカ史研究にみる、女性とジェンダー」
『ジェンダー研究年報』2, 36-47頁, 2022
柳田利夫「ペルーへの契約移民を通して見た女性移民の位置と役割」
『法學研究：法律・政治・社会』68(10), 197-214頁, 1995
柳原恵「COVID-19 パンデミックにおけるフェミニズム運動の視座と実践：南米チリを事例として」
『国際ジェンダー学会誌』19, 54-68頁, 2021
山岡加奈子「キューバにおける性別分業」
『ラテンアメリカ・レポート』22, 29-41頁, 2005
山蔭昭子「文学を通して見るラテンアメリカの女性：『精霊たちの家』の登場人物から」
『女性学評論』15, 59-73頁, 2001
吉田裕「グレナダ革命の未来とフェミニズムの長い革命：マール・コリンズ『エンジェル』における恥と時間の弁証法」
『東京理科大学教養教育研究院紀要』90-108頁, 2024
吉原令子「境界に位置する Identities：グロリア・アンサルドゥーアの Borderland / La Frontera : The New Mesia を通して」
『英米文化』30, 79-99頁, 2000
渡部奈々「アルゼンチンにおける LGBT の権利運動」
『マテシス・ウニウェルサリス』23, 97-118頁, 2021
渡部奈々「排除か包摂か？：アルゼンチンにおける性的マイノリティの人権と宗教」
『現代宗教』2023,171-191頁, 2023

その他のWebページ記事

岩間香純「南米といえば、フェミニズム」（全20回）エトセトラ・ブックス連載
柳原恵「南米チリ・サンティアゴ見聞記」（全6回）Women's Action Network連載

ラテンアメリカ×フェミニズム インターネット上で読める論文記事

水口良樹

インターネット上で検索して無料でダウンロードして読める日本語で書かれたラテンアメリカのフェミニズムおよびクィア（性的マイノリティ）に関する論文を紹介します。気になったものがありましたらぜひ検索してみてください。

論文

青砥清一「イベロアメリカにおけるマイノリティーの権利：同性婚は認められるべきか？」
『グローバル・コミュニケーション研究』7, 63-72頁, 2019

糸魚川美樹「ジェンダーに関する包括的言語使用 (lenguaje inclusivo) について：スペイン語を例に」
『ロマンス語学研究』55, 2022

石塚道子「カリブ海地域における小規模農業とジェンダー：「内部市場売買システム」再考」
『F-GENS Journal』10, 192-197頁, 2008

今井洋子「漱石とコルタサルにおける作品の女性像について：宿命の女たちはなぜ殺されたのか」
『京都産業大学論集．人文科学系列 34』74-90頁, 2006

上村淳志「「国家間」の中にいるメキシコの男性同性愛者」
『くにたち人類学研究』6, 54-71頁, 2011

奥田若菜「人工中絶論争の政治化—ブラジルにおける女性の権利運動をめぐる対立」
『グローバル・コミュニケーション研究』12, 111-133頁, 2023

菊池啓一「ラテンアメリカにおけるジェンダー・クオータと女性の政界進出」
『ラテンアメリカ・レポート』27-2, 38-49頁, 2010

菊池啓一「ラテンアメリカにおけるジェンダー・クオータの機能：女性議員比率の上昇とその効果」
『ラテンアメリカ・レポート』38-2, 61-72頁, 2022

小林沙羅「ライフヒストリーに見るコスタリカ人植女性のエイジェンシー」
『開発学研究』32(3), 42-49頁, 2022

近田亮平「ブラジルの性的マイノリティをめぐる権利保障」
『ラテンアメリカ・レポート』38(2), 73-85頁, 2022

齊藤功高「南米における LGBTI の現状と米州人権委員会の活動」
『文教大学国際学部紀要』30(1), 17-49頁, 2019

桜井三枝子「21世紀、先住民マヤ女性リーダーの台頭：90年代以降、ラテンアメリカ先住民女性に関する人類学的動向の研究」
『大阪経大論集』58, 43-62頁, 2007

庄司香「メキシコの事例」（内閣府 HP）

洲崎圭子「「第三世界」発のフェミニズム：『バルン・カナン』を巡って」
『F-GENS ジャーナル』10, 243-248頁, 2008

洲崎圭子「女の視線がつくる男性像：ロサリオ・カステリャノス作品とマチスモ言説」
『ジェンダー研究』18, 67-90頁, 2016

田邉佳美「フランス・旧植民地出身移民女性の抵抗と言語：〈声〉を取り戻すための演劇制作」
『ふらんぼー』47, 103-121頁, 2021

中田秀樹「新自由主義下における多文化グァテマラ現代社会と先住民女性：新たな底辺労働としての家事労働と伝統織物労働をめぐる試論」
『PRIME』36, 73-88頁, 2013

新津厚子「境界の美的感性「ラスクアチスモ」とその可能性：チカーナ／チカーノの日常の諸表現から」
『境界研究』10, 71–91頁, 2020

畑惠子「官僚主義的権威主義体制とラテンアメリカ女性：1970 年代半～ 1980 年代半の民衆女性運動とフェミニズム」
『早稲田社会科学研究』55, 145-171頁,1997

●**『母なる勇気』** Coraje（ペルー 1998年）
監督 アルベルト・ドゥラント 106分 スペイン語

●**『カーサ・エスペランサ：赤ちゃんたちの家』** Casa de los Babys（アメリカ 2003年）
監督 ジョン・セイルズ 96分 スペイン語・英語

●**『くもり空の下で』** Climas（ペルー 2014年）
監督 エンリカ・ペレス 84分 スペイン語・ケチュア語

●**『ROMA』** ROMA（メキシコ 2018年）
監督 アルフォンソ・キュアロン 135分 スペイン語

●**『名もなき歌』** Canción Sin Nombre（ペルー 2021年）
監督 メリーナ・レオン 97分 スペイン語

●**『トランケ・ラウケン』** Trenque Lauquen（アルゼンチン 2022年）
監督 ラウラ・シタレラ 262分 スペイン語

■女性映画コレクティブ■

●**『女のこと』** Cosas de Mujeres（メキシコ 1975年）
監督 ロサ・マルタ・フェルナンデス 45分 スペイン語

●**『台所の悪』** Vicios en la Cocina（メキシコ 1978年）
監督 ベアトリス・ミラ 24分 スペイン語

●**『沈黙を破る』** Rompiendo el Silencio（メキシコ 1979年）
監督 ロサ・マルタ・フェルナンデス 42分 スペイン語

●**『快楽のためではない』** No Es por Gusto（メキシコ 1981年）
監督 マリア・デル・カルメン・デ・ララ 51分 スペイン語

その他のクィア映画

●**『デビルクイーン』** A Rainha Diaba（ブラジル 1973年）
監督 アントニオ・カルロス・ダ・フォントウラ 100分 ポルトガル語

●**『境界なき土地』** El Lugar Sin límites（メキシコ 1978年）
監督 アルトゥーロ・リプステイン 111分 スペイン語

●**『蜘蛛女のキス』** Kiss of the Spider Woman（ブラジル 1985年）
監督 エクトール・バベンコ 121分 英語・ポルトガル語

●**『苺とチョコレート』** Fresa y Chocolate（キューバ・メキシコ・スペイン 1993年）
監督 トマス・グティエレス・アレア /フアン・カルロス・ダビオ 108分 スペイン語

●**『逃走のレクイエム』** Plata Quemada（アルゼンチン 2000年）
監督 マルセル・ピニェイロ 125分 スペイン語

●**『夜になるまえに』** Before Night Falls（アメリカ 2000年）
監督 ジュリアン・シュナーベル 135分 英語

●**『ある日、突然。』** Tan de Repente（アルゼンチン 2002年）
監督 ディエゴ・レルマン 93分 スペイン語

●**『XXY ～性の意思～』** XXY（アルゼンチン 2007年）
監督 ルシア・プエンソ 86分 スペイン語

●**『エイゼンシュテイン・イン・グアナファト』** Eisenstein in Guanajuato（メキシコ 2015年）
監督 ピーター・グリナウェイ 105分 英語・スペイン語

●**『レタブロ』** Retablo（ペルー 2017年）
監督 アルバロ・デルガド・アパリシオ 102分 ケチュア語・スペイン語

●**『彼の見つめる先に』** Hoje Eu Quero Voltar Sozinho（ブラジル 2018年）
監督 ダニエル・リベイロ 96分 ポルトガル語

●**『エマ、愛の罠』** Ema（チリ 2020年）
監督 パブロ・ラライン 107分 スペイン語

●**『クイーンに沸いた夜』** Invasión Drag（ペルー 2020年）
監督 アルベルト・カストロ・アンテサナ 78分 スペイン語

ラテンアメリカ×フェミニズム映画

新谷和輝（執筆協力：水口良樹）

ラテンアメリカの多様な映画の中で、フェミニズムおよびクィア（性的マイノリティ）をテーマとする作品を新谷さんに選んでいただき、特におすすめには簡単な紹介をつけていただきました（水口）。

おすすめのフェミニズム映画

●**『悲しみのミルク』**Teta Asustada（ペルー 2009年）
監督 クアウディア・リョサ 98分 スペイン語・ケチュア語
内戦が深刻化する 1980〜1990年代のペルーを舞台に、トラウマ的記憶をケアしようとする女性たちが描かれる。ペルー農村部の伝統的な歌や風景、言語を用いながら、クラウディオ・リョサは女性たちの精神的かつ身体的な紐帯を鮮やかに描き出した。主演のマガリ・ソリエルはケチュア語の歌手でもある。

●**『火の山のマリア』**Ixcanul（グアテマラ 2016年）
監督 ハイロ・ブスタマンテ 96分 カクチケル語
グアテマラを代表する映画監督ハイメ・ブスタマンテの出世作。監督が幼少期を過ごした場所で、現地のマヤのコミュニティーと協力して映画を作り上げた。火山の麓で生きる力強い母娘の物語は、女性の身体の問題にリアルに切り込んでいく。

●**『マリア怒りの娘』**La Hija de Todas las Rabias（ニカラグア 2022年）
監督 ローラ・バウマイスター 91分 スペイン語
映画産業がほとんどないと言っていいニカラグア出身の女性監督による力作。ラテンアメリカ最大規模のゴミ処理場で生活する母と娘を、リアルかつ幻想的に物語る。娘役を演じたのは実際にゴミ処理場で暮らす少女であり、彼女の強い瞳が社会に向けて訴えかける。

●**『私の想う国』**Mi País Imaginario（チリ・フランス 2023年）
監督 パトリシオ・グスマン 83分 スペイン語
ラテンアメリカを代表するチリのドキュメンタリー映画監督パトリシオ・グスマンの最新作は、2019年にチリで起こった大規模社会運動「社会の爆発」を主に女性たちの視点から振り返る。制憲議会のトップになったマプーチェ女性のエリサ・ロンコンやフェミニストコレクティブのラステシスらの言葉とともに、変化を求める女性たちの声が響きわたる。

おすすめのクィア映画

●**『天国の口、終わりの楽園』**Y Tu Mamá También（メキシコ 2002年）
監督 アルフォンソ・キュアロン 106分 スペイン語
幻のビーチ「天国の口、終りの楽園」を探す 17 歳のフリオとテノッチ、そして人妻ルイサ。巨匠アルフォンソ・キュアロンが、若き日のガエル・ガルシア・ベルナル、ディエゴ・ルナと組んだこのロードムービーは、メキシコの階層社会やジェンダー観を映し、近年クィア的な側面から再評価が進んでいる。

●**『ナチュラルウーマン』**Una Mujer Fantástica（チリ・スペイン 2017年）
監督 セバスティアン・レリオ 104分 スペイン語
ハリウッドでも活躍するチリの映画監督セバスティアン・レリオによる、チリ映画として初めてアカデミー賞外国語映画賞を受賞した作品。パートナーの喪失や社会差別に苦しむトランスジェンダー女性の歌姫マリーナを演じるのは、自身もトランスジェンダー女性であるダニエラ・ベガ。

その他のフェミニズム映画

●**『ルシア』**Lucía（キューバ 1968年）
監督 ウンベルト・ソラス 160分 スペイン語

●**『ある方法で』**De Cierta Manera（キューバ 1977年）
監督 サラ・ゴメス 74分 スペイン語

<中米>

●レベカ・ラネ「ニ・ウナ・メノス」 Rebeca Lane "Ni una menos" 2018 グァテマラ

2015年にアルゼンチンでフェミサイドへの抗議行動として生まれたニ・ウナ・メノス運動はラテンアメリカで大きな影響を与え、チリ、ペルー、ボリビア、パラグアイ、ウルグアイ、エルサルバドル、グアテマラ、メキシコ、スペインなどでも「ニウナメノス・マーチ」や「女性ストライキ」などが行われた。この曲はグアテマラのフェミニスト運動家でもあるレベカ・ラネが同国の女性蔑視、暴力の実態を提示し強く抗議した内容でグアテマラ発の呼びかけとなった。

●サラ・クルチク「ラ・シグァナーバ」 Sara Curruchich "La Siguanaba" 2020 グァテマラ

●レベカ・ラネ「赤い花」 Rebeca Lane "Flores Rojas" 2022 グァテマラ

●プラス・ムヘーレス「レゲトン・フェミニスタ」 Puras Mujeres "Reggaeton Feminista" 2019 ホンジュラス

<南米北部>

●カロル G & シャキーラ「TQG」 Karol G & Shakira "TQG" 2023 コロンビア

2022年1月、シャキーラが元パートナーの FCバルセロナの元スターのジャラール・ピケの浮気を徹底的に痛烈にディスった曲。シャキーラと同じコロンビア出身のスター歌手、カロルGとコラボで発表。所詮あんたは私を扱えるようなタマじゃなかった、(TQG＝Te quedó grande 、私はあなたの手に負えない釣り合わない存在)、せいせいしたとこき下ろし、マチスモをぶっ飛ばす内容で大ヒット。

●グルーポ・ニーチェ「アナ・ミレー」 Grupo Niche "Ana Milé" 1985 コロンビア

<アンデス地域>

●ルスミラ・カルピオ「女性たちに敬意を」 Luzmila Carpio "Warmikuna Yupaychasqapuni Kasunchik" 1999 ボリビア

ボリビアを代表する北ポトシのケチュア語歌手ルスミラ・カルピオが歌うこの曲は先住民共同体で生きる女性をエンパワーすることを目指している。

●ラ・マフィアンディーナ「立ち上がれ女たち」 LaMafiAndinA "Warmi Hatari" 2019 エクアドル

●マガリィ・ソリエル「私は逃げ出すだろう」『女性(ワルミ)』 Magaly Solier "Ripu Ripusajimi" en *Warmi* 2009 ペルー

●カロリナティーバ「私には誰もいない」 Karolinativa "A mí nadie" 2014 ペルー

●ミレナ・ワルトン「これが私」 Milena Warthon "Esta Soy Yo" 2019 ペルー

●ラ・ラー「リンダ・ブレル」『浅黒い売春婦』 La Lá "Linda Bler" en *Zamba puta* 2019 ペルー

●サグラーダ・コカ『イナルママ(聖なるコカの葉)』 Comunidad Sagrada Coca *Inalmama Coca Sagrada* 2006 ボリビア

●リチャ・アランシビア「緑のクエカ」 Licha Arancibia Salazar "Cueca Verde" 2020 ボリビア

●ラ・キメラ「緑のムルガ」 La Quimera "Murga Verde" 2020 ボリビア

<南米南部>

●フェミギャングスタ ft. オフェリア・フェルナンデス「私は行く」 Femigangsta feat. Ofelia Fernández "Voy" 2018 アルゼンチン

フェミギャングスタ (FEMIとも) によるニ・ウナ・メノス運動を受けた激しい告発と、ラテンアメリカをフェミニストの地とし、女性とトランスジェンダーは抑圧を乗り越えていけるのだと歌い上げている。

●アナ・ティジュ「反家父長制」 Ana Tijoux "Antipatriarca" 2015 チリ

マチスモ、男尊女卑、家父長制、女性蔑視、人種差別に抗議し、女性の個人としての独立性をヒップホップの形で歌った曲。その優れた曲によりラテンアメリカのフェミニズムを代表する曲の一つとして愛されている。

●フロール・デ・ラップ「決してつぶされない」 Flor de Rap "Inmarchitable" 2019 チリ

貧困の中で生まれ育った一人の女性の暴力と孤独に満ちた生をラップで描き出した叫びに心揺さぶられる名曲。

●メルセデス・ソーサ『アルゼンチンの女』 Mercedes Sosa *Mujeres argentinas* 1969 アルゼンチン

"Gringa chaqueña" "Juana Azurduy" Rosarito Vera, maestra" "Dorotea la cautiva"

"Alfonsina y el mar" "Manuela la tucumana" "Las cartas de Guadalupe" "En casa de Mariquita"

●ミス・ボリビア& DJ クラス「良い戦士」 Miss Bolivia y DJ Krass "Bien Warrior" 2013 アルゼンチン

●メルカバーft. フェミギャングスタ「勇敢な女たち」 Merkabah Feat. Femigangsta "Mujeres Valientes" 2018 アルゼンチン

●ミス・ボリビア & ヒメナ・バロン「燃える」 Miss Bolivia y J ' Mena "Se Quema" 2019 アルゼンチン

●モン・ラフェルテ「女性は売り物ではない」 Mon Laferte "Esta morra no se vende" 2021 チリ

<ブラジル>

●カピクア「クレイジーな人魚」 Capicua "Sereia Louca" 2014 ブラジル

●リマス&メロディアス「宣言」 Rimas & Melodias "Manifesto" 2017 ブラジル

ラテンアメリカ×フェミニズム 音楽

伊藤嘉章／水口良樹（選曲協力：梅崎かほり／藤田譲）

ラテンアメリカのフェミニズムおよびクィアをめぐる歌は、遅くとも70年代にはすでにその萌芽は見られていたが、それが本格的に花開いたのは 21世紀に入ってからであった。ここでは地域ごとに選者のおすすめを紹介する。Web版にリンクと拡大版を紹介するのでそちらもアクセスして欲しい。

※タイトル末尾の★はクィア（性的マイノリティ）がテーマのもの

ラテンアメリカのフェミニズム歌謡で、地域を越えて誰もが知っていて歌ったりパフォーマンスできる曲はこの2曲の賛歌だろう。

◆ラステシス「あなたの道行くレイプ犯」LASTESIS "Un violador en tu camino" 2019 チリ

2019年チリの「社会の暴発」と呼ばれた大規模抗議活動の流れの中でラステシスがバルパライソで行ったパフォーマンスが、首都サンティアゴだけでなく、ラテンアメリカ各地やフランス、スペイン、米国、トルコ、インド、日本（渋谷）などへと広がっていった。先住民言語でも歌われている。

◆ビビール・キンターナ/モン・ラフェルテ/エル・パロマール「恐れのない歌」Vivir Quintana, Mon Laferte, El Palomar "Canción sin Miedo" 2020 メキシコ

女性に対する暴力への抗議、フェミニストの抗議活動における賛歌。モン・ラフェルテがキンタナに、女性が殺される現状をテーマにした作曲を持ちかけ、2020年「女性の時代フェス」のコンサートで初演されて以来、ラテンアメリカ中で歌い継がれている反フェミサイドを象徴する賛歌。ラテンアメリカのフェミニズム拡大版Web資料集にはさまざまな国のバージョンを載せているのでチェックしてみて欲しい。

<カリブ海地域>

●イレ「おまえは恐れる」iLe "Temes" 2019 プエルトリコ

女性を蔑視し、暴力を振るう男性に対し「おまえは何を恐れているの？」とマチスモの裏にある弱さを問うている。

●ビジャ・アンティジャーノ「ベオ・ベオ」Villa Antillano "Veo Veo"★ 2022 プエルトリコ

アルゼンチンから中南米に旬の先端的ミュージシャンを紹介する「Bzrp Music Sessions」から2022年にブレイク。LGBTに対する偏見に対して立ち向かう作品を発表し続けている。MTVミレニアム・アワード、ローリングストーン誌アワードなど 2023-2024にかけ多くの賞を受賞している。本作はクイアの思いや偏見への抗議を歌っている。

●サラ・ゴンサレス「あなたは何を言ってるの？」Sara González "¿Qué dice usted?" 1978 キューバ

●クルダス・クベンシ「私の身体は私のもの」Krudas Cubensi"Mi cuerpo es mío"★ 2014 キューバ

●イェンドリー「ベイビー」Yendry "Nena" 2020 ドミニカ共和国 - イタリア

<北米>

●エル・ハル・クロイ「彼女」El Haru Kuroi "Ella" 2015 チカーナ

自分の子どもを家に残して米国富裕層の家で働く女性たちの日常を歌った作品。

●レネ・ゴースト「親愛なる死（私たちを殺さないで）」Renee Goust "Querida Muerte（No Nos Maten)" 2019 US ラティーノ

NY在住メキシコ人歌手レネ・ゴーストによって、フェミサイドが前触れなく襲いかかる女性の人生を変えたいという願いが歌われる。

●ナタリア・ラフォルカデ「悪い女」Natalia Lafourcade "La Malquerida" 2020 メキシコ

誘惑したと罪を負わされる女。しかし彼女を追い詰め、暴力を働き、非人間化したのは誰なのか。男性中心の言説を静かに力強く問い返す。

●レネ・ゴースト「クンビア・フェミナチ」Renee Goust "La Cumbia Feminazi" 2016 US ラティーノ

●シルバナ・エストラーダ「私を殺すなら」Silvana Estrada "Si Me Matan" 2022 メキシコ

松久玲子『メキシコ近代公教育におけるジェンダー・ポリティクス』行路社 2012
メキシコのフェミニズム研究では、母性称揚、国家に貢献する母親像といったジェンダー規範の存在が明らかにされてきた。本書ではこうした規範の形成過程を、ジェンダー・ポリティクスという視点から検証する。

国本伊代：編『ラテンアメリカ 21世紀の社会と女性』新評論 2015
現代ラテンアメリカ諸国の女性が置かれた環境の変化を検証した論集。

松久玲子：編『国境を越えるラテンアメリカの女性たち：ジェンダーの視点から見た国際労働移動の諸相』晃洋書房 2019
デカセギ移民として国外へと出るラテンアメリカ女性たちの実像をさまざまな事例から描き出した論集。本書コラム執筆者である浅倉寛子、柴田修子も執筆している。

アクティブ・ミュージアム「女たちの戦争と平和資料館」(wam) 編『アルゼンチン正義を求める闘いとその記録～性暴力を人道に対する犯罪として裁く!』「戦争と性」編集室 2020
アルゼンチン軍政期、社会運動周辺にいた人々への苛烈な拉致、拷問、虐殺。居なかったことにされた強制失踪者たちの家族は、大統領宮殿前の五月広場に失踪者たちの写真を持って集まった。「五月広場の母たち」が 2018年に来日した時の貴重な講演及び質疑応答録。

洲崎圭子『≪産まない女≫に夜明けはこない：ロサリオ・カステリャノス研究』世織書房 2021
第一章を執筆した洲崎圭子の主著。メキシコの裕福な階層出身の女性知識人という錯綜した状況をカステリャノス自身が体現するなかで、先住民世界や社会で周縁化された女性を扱った彼女の小説を中心に、フェミニスト作家としての功績を再評価した本書は、21世紀の女性の生きづらさにアプローチする上でも示唆に富む。

畑惠子／浦部浩之：編『ラテンアメリカ：地球規模課題の実践』新評論 2021
現代世界が抱えるさまざまな問題について、ラテンアメリカではどのように闘われているのかを紹介する論文集。「セクシュアリティの多様性をめぐるラテンアメリカ社会の変容」(畑惠子)ではラテンアメリカの性的マイノリティをめぐる権利保障の確立とバックラッシュについて論じられている。

『思想』No.1162 **(採掘 - 採取ロジスティクス：批判地理学の最前線)**, 2021
廣瀬純「採掘主義と家父長制：現代ラテンアメリカのフェミニズム」
ガーゴ、ベロニカ(石田智恵：訳)「身体 - 領土：戦場としての身体」
ともに採掘主義をテーマに書かれた日本語で読める論文としては非常に重要な 2本。ラテンアメリカのフェミニズム、特に先住民の共同体フェミニズムの議論、そして採掘主義がその中でどのようにかれらを追い詰めているかが分かると同時に、都市部でのリプロダクティブライツ／ヘルスの闘いが軍政期虐殺へと接続していく状況などがわかる必読の2論考。

『ラテンアメリカ文化事典』丸善出版 2021
ラテンアメリカで花開く文化を、歴史を含めて紹介した事典。「ラテンアメリカのフェミニズム運動」(松久玲子)、「LGBT 運動」(上村淳志)、「環大西洋で連動する社会運動：第四派フェミニズム」(廣瀬純)の他、70年代にフェミニスト美術史家によって再評価されたメキシコの女性画家フリーダ・カーロの項目も。

中村達『私が諸島である：カリブ海思想入門』書肆侃侃房 2023
多言語島嶼地域であるカリブ海で言語を越えた植民地主義の経験から立ち現れた思想は、いかに男性中心主義的であったのか、という点から始め、最終章にフェミニズム運動とクィア運動がどのようにカリブ海思想を更新しつつあるのかという議論を配置して論じる流れが素晴らしい。

山本昭代『ナルコ回廊をゆく：メキシコ麻薬戦争を生きる人びと』風詠社 2023
メキシコは2006年にカルデロン大統領が麻薬組織との闘いを宣言して以来、国の根幹を脅かす麻薬戦争へと突入した。「カルテル」に誘拐され、殺された家族を探す女性たちを追いながら、メキシコの暴力と汚職の中で生きることを描いた労作。

畑惠子：編著『ラテンアメリカのLGBT：権利保障に関する6か国の比較研究』明石書店 2024
LGBT権利保障の「先進地域」であるラテンアメリカが、日本で紹介されることは少ない。欧米の影響を受けつつも独自の展開をしてきた同地域における LGBTの権利をめぐる力学が明らかにされる本書においては、6カ国の権利保障状況について各々、章を割いて論じられた後、比較検討を経て日本への示唆が概括される。

『ジェンダー事典』丸善出版 2024
「ジェンダー」に関する多種多様なトピックを総勢 293 名の専門家が網羅的に解説した事典。「ラテンアメリカ文学」(洲崎圭子)では、人種、階級などの主題も積極的に取り込んでいった同地域のフェミニズム文学批評についても言及した上で、具体的な作品を紹介している。

ラテンアメリカ×フェミニズム その他の文献

水口良樹（執筆協力：洲崎圭子）

カリブ・ラテンアメリカのフェミニズムの運動や思想を知るための本は、非常に限られている。ここでは、現地の運動や思想について日本語で書かれた本と、ルポタージュを紹介したい。

（出版年順）

ドミティーラ／M・ヴィーゼル（唐澤秀子：訳）『私にも話させて：アンデスの鉱山に生きる人々の物語』現代企画室 1984
ボリビア鉱山労働者の妻であったドミティーラ・バリオス・デ・チュンガーラの生活、鉱山労働者による闘争と弾圧のオーラルヒストリーの名著。第一回世界女性会議（1975年）における米国から参加したフェミニストたちや富裕層の女性への痛烈な批判は圧巻。

大平健『貧困の精神病理：ペルー社会とマチスタ』岩波書店 1986
ペルーの貧困層の生活の中にあるマチスモ思想がどのようなものであるかを描き出した精神科医が綴った現地の生活や生き方から立ち現れてくる貧者の家父長制の実像。こうした感覚はラテンアメリカの下層に広く見られる共通の問題として考えることができるだろう。

アンドレアス、キャロル（サンディ・サカモト：訳）『アンデスの女たち：フェミニズムに燃える』BOC出版 1995
1970年代のベラスコ軍事革命政権期を中心に、ペルーのアンデスの女性たちの現状や解放闘争などに加え、現場の女性たちへのインタビューなども踏まえて書かれたルポ。農村、漁村、都市、先住民社会など各地の状況などもまとまっており、80年頃までのフェミニズム運動がイメージできる貴重な書。

大串和夫『ラテンアメリカの新しい風：社会運動と左翼思想』同文舘 1995
1970年代後半～ 80年代にかけて、ラテンアメリカで展開した様々な社会運動がどういう実践として立ち現れてきたのかを概説している本。民主化、平和運動、エコロジー、そしてフェミニズム運動などを通じてラテンアメリカの変革をめざした、新自由主義が導入される前後のラテンアメリカの状況と実践を知るにも良い一冊である。

シルバーブラット、アイリーン（染田秀藤：訳）『月と太陽と魔女：ジェンダーによるアンデス世界の統合と支配』岩波書店 2001
スペイン人到来以前のアンデス地域はどのようなジェンダー構造にあったのか。インカ期の実像を概観し、それがスペイン人による征服をへて植民地時代後期までどのように変化していったのかを描き出した重要書。

松久玲子：編『メキシコの女たちの声：メキシコ・フェミニズム運動資料集』行路社 2002
19世紀末から 1980年代のさまざまなメキシコのフェミニズム団体や文筆家の書いたものを集めたまさに貴重な資料集。ロサリオ・カステリャノスの演説文や短編も収録。

加藤隆浩／高橋博幸：編『ラテンアメリカの女性群像：その生の軌跡』行路社 2003
先スペイン期から現代まで 23 人のラテンアメリカ女性の人生を紹介する列伝。

ロビラ、ギオマル（柴田修子：訳）『メキシコ先住民女性の夜明け』日本経済評論社 2005
サパティスタ蜂起以前のチアパス州先住民女性の想像を絶する過酷な状況が概説された後に、彼女たちがサパティスタの運動に参加することを通じて、1993年に先住民社会における女性の地位獲得のための革命をどのように行ったのか、それが1994年1月1日の蜂起へとつながっていったことが非常によく分かる。

山本昭代『メキシコ・ワステカ先住民農村のジェンダーと社会変化：フェミニスト人類学の視座』明石書店 2007
メキシコの先住民農村で、ジェンダー視点から親族関係を読み、社会状況の変化と関連を論じた民族誌。ジェンダー差を含む社会構造そのものを分析した本書は、フェミニズム研究に新しい可能性を与える。

パラシオス、ベアトリス（唐沢秀子：訳）『『悪なき大地』への途上にて』編集室インディアス 2008
先住民と共同で映画製作を続けたグルーポ・ウカマウのプロデューサーであったベアトリス・パラシオスによるエッセイ集。さまざまなボリビアの現実が描かれているが、フェミサイドを含む女性への暴力、そして富裕層の女性による先住民差別の語りなど過酷な現実が書き込まれた名著。

化した小説を書く理由を問われることに、著者は驚いているという。推理小説家に、先週いくつ犯罪を犯したか？とは誰も聞かないのに、女性に対してだけ異なる基準を課しているからだ。

ジョシュ『バイクとユニコーン』見田悠子訳、東宣出版、2015
売春で生き延びる女性と内縁の夫の連れ子が親子になる瞬間、男たちの争いに構わず自分の人生を生きる少女、バイクとユニコーンの異種間カップル等の物語を通して社会背景にも目が向く。そう、スペイン語圏でバイクは女性なのだ。

スアレス、カルラ『ハバナ零年』久野量一訳、共和国、2019
ノーマネー・ノーラブ、まさにデコロニアル・ラブを描き切る名作。そしてそれを乗り越えるのは、シスターフッドか？ ゲームからおりることか？ 笑いか？ それとも…ほんのちょっとした物質的豊かさ？ 著者は科学者でもある。

ドノソ、ホセ『夜のみだらな鳥』鼓直訳、水声社、2018
悪意なき人たちのグロテスクな悪。あなたのために言っているの、口をつぐみなさい、目をつぶりなさい。聞かなければいい、気にしないことだ。そういうものなのだ。女性と結婚し養子を育てた著者は、没後アウティングされることとなった。彼の魂の内側を体感させる傑作。

バルガス・リョサ、マリオ『ケルト人の夢』野谷文昭訳、岩波書店、2021
20世紀初頭、先住民に対する虐待、植民地主義の罪を告発したアイルランド出身の実在の外交官は、同性愛者であったがゆえに翻弄される。人間の条件が問われる。

パス、オクタビオ「波との生活」（『鷲か太陽か？』野谷文昭訳、岩波文庫、2024）
海の波が変幻自在に姿を変えなおかつ自らの意志をもち、男を追って都会にやってくる。波は人間の女性として擬人化される。波の行動が手に負えなくなった男が下した、冷酷とも思える結論は。

パス、セネル『苺とチョコレート』野谷文昭訳、集英社、1994
原題は「狼と森と新しい人間」。同性愛や宗教行為が違法とされた革命後のキューバ。体制を支持する青年ダビドが、「ホモセクシャル」でなく「オカマ」と呼んで欲しがるようなディエゴとの交流を通して、心のままに行動できるようになる話。映画も有名。

フアナ、ソル『知への賛歌　修道女フアナの手紙』旦敬介訳、光文社古典新訳文庫、2007
詩が最高の文学と位置付けられていた 17 世紀末のメキシコ。すべての学問を修めた尼僧は、女性に対して抑圧的な社会への抗議を綴った。彼女の思想が明快に書きつけられた詩と抗議の手紙を、詳細な解説とともに。

プイグ、マヌエル『蜘蛛女のキス』野谷文昭訳、集英社文庫、（改訂新版：2011）
刑務所で、未成年者をかどわかして捕まった同性愛者／トランスジェンダーの男性と、ガチガチの若い政治犯の 2人が心を通わせる。ほぼ会話文のみで物語が展開。映画は大ヒットし、時代を越えて舞台化され続けている。

フエンテス、カルロス「アウラ」（『アウラ・純な魂：他四篇　フエンテス短篇集』木村榮一訳、岩波文庫、1995）
紋切型のホラーであれば逃げ去るだろうというところで、主人公は受け入れる。何をもってそれを愛するのか、何をもって自分であるとするのか。この作品を味わった後は、アイデンティティを追求し続けた彼の作品が、いたるところで紋切型の異性愛を乗り越えていることに気づくだろう。

ペリ・ロッシ、クリスティーナ『狂人の船』南映子訳、松籟社、2018
ウルグアイからスペインに亡命せざるを得なかった作家が綴る、正体不明の男の旅。心を病んだ人々を海に遺棄する船乗りを中心に、中絶、異性装、同性愛といった多くの現代的課題が提起される。

ポニアトウスカ、エレナ『乾杯、神さま』鋤柄史子訳、幻戯書房、2023
メキシコ革命を男たちとともに戦った実在女性の語りを再構成し、小説仕立てにした証言小説。20世紀初頭の動乱期、下層階級に属する女性たちの生活が浮き彫りになる。

メルチョール、フェルナンダ『ハリケーンの季節』宇野和美訳、早川書房、2023
鉄格子の家に籠っていた〈魔女〉が無残に殺された事件を通し、現代メキシコ社会の狂気と沈鬱が綴られる。薬物中毒、未成年者への性虐待、同性愛嫌悪、貧困、麻薬密売までもが俎上にあがる。

レストレーポ、ラウラ『サヨナラ―自ら娼婦となった少女』松本楚子、サンドラ・モラーレス・ムニョス訳、現代企画室、2010
コロンビアの石油掘削基地近くの街を舞台に、娼婦と労働者たちの凄惨と暴力が扱われる。「サヨナラ」の源氏名を持つ女性を中心に、軍やゲリラによる暴力、外資の搾取、混乱、愛、希望、絶望が綴られる。

ラテンアメリカ×フェミニズム文学

洲崎圭子（執筆協力：見田悠子）

ラテンアメリカ文学のブームは女性作家を取りこぼしたといわれていますが、フェミニズム批評の隆盛を得、21世紀の今、世界中で読まれるようになっています。フェミニズムやジェンダー論というツールをとおして読むと、別の読みが立ち上がります。

アジェンデ、イサベル「ワリマイ」（『20世紀ラテンアメリカ短篇選』野谷文昭編訳、岩波文庫、2019）
三世代の女たちの物語『精霊たちの家』（木村榮一訳、河出文庫、2017）では、言葉の力がいかんなく発揮された。短編「ワリマイ」は、小品ながらも種々のテーマが交錯する。性的強制労働を強いられ衰弱しきっていたある先住民女性と出会い、同じ霊魂観を共有していると悟った男は、彼女の魂とともに静かに過ごす。

アルバレス、フリア『蝶たちの時代』青柳伸子訳、作品社、2012
独裁者トルヒーリョへの抵抗運動の中心となり〈事故死〉した姉妹と生き残った妹の視点から描き出されるドミニカ共和国社会と家族史。国連は、三姉妹が亡くなった11月25日を「女性に対する暴力撤廃の国際デー」と定めた。

ヴィエイラ・ジュニオール、イタマール『曲がった鋤』武田千香・江口佳子訳、水声社、2023
現代のアフロブラジル作家が描く20世紀のブラジルの農場では、奴隷制の負の遺産が色濃く残る。農民・地主間の政治闘争をも扱うなか、女性を語り手に据えることで、人種差別と家父長制下で最も弱い立場にある黒人女性の状況が露わになる。

ガルシア・マルケス、ガブリエル『百年の孤独』鼓直訳、新潮社、2024 文庫化
当時のラテンアメリカの社会をそのまま描き出していると評価される本作。なるほど女が秩序を守っている。男は魔術的科学技術によって歴史を動かす。最終行まで読んだとき、そしてタイトルに立ち返ったとき、「ケアの倫理」が提唱したようなちゃぶ台返しが見えてくる。

ガロ、エレナ「指輪」今井洋子訳（『グリオ Griot』4号、平凡社、1992）
代表作『未来の記憶』（冨士祥子・松本楚子訳、現代企画室、2001）では、過酷な時代を背景に、罰として石に姿を変えられた女が描かれた。短編「指輪」では、道端で金の指輪を偶然拾った先住民の母が語る。その指輪を娘に与えた結果、引き起こされることになった生々しい殺人事件と母娘の葛藤が幻想的に描かれる。

ケー・モオ、ソル『女であるだけで』吉田栄人訳、国書刊行会、2020
先住民の女が、夫を殺す。女であるということは、理由になる。そして、女であるという理由で、女の人生を生きるしかない状況は、21世紀の今でも、地球上どこにでも、ある。誰がどの立場から裁くというのだろう。

コルタサル、フリオ「キルケ」（『奪われた家／天国の扉 動物寓話集』寺尾隆吉訳、光文社古典新訳文庫、2018）**／「占拠された屋敷」（『悪魔の涎・追い求める男他八篇』**木村榮一訳、岩波文庫、1992）
婚約者が次々と亡くなる。ゴキブリ入りの手作り菓子を勧める彼女の意図はどこにあるのか。つかみどころのない女のありようが、恐怖感を増す。代表作「奪われた家」／「占拠された屋敷」では、有産階級の二人暮らしの40代兄妹が、得体の知れないものに追い詰められる。それは、兄妹のインセストに対する抑圧であるという読みも。

シュウェブリン、サマンタ『七つのからっぽな家』見田悠子訳、河出書房新社、2019／**『救出の距離』**宮﨑真紀訳、国書刊行会、2024
幻想と現実を織り交ぜて描く、新世代を代表する幻想文学の旗手。空虚、堕落、狂気、不穏、奇妙で異常、邪悪なものが登場人物らを取りかこむ七つの物語。中編『救出の距離』では、母子の絆が問い直される。母親でもないのに母性に焦点

ラテンアメリカのフェミニズムとより深く出会う入口となる資料集

日本では、大きな書店に行ってもカリブ海やラテンアメリカ地域のフェミニズムに関する本はほとんど見つかりません。映画については多少紹介されることもありますが、全体像を把握するのは難しく、音楽に関しても、ラテンアメリカ発のフェミニズムをテーマにした楽曲はほとんど知られていないのが現状です。そこで、この資料集では、見開き２ページで各選者が選んだ作品を紹介しています。ぜひご活用いただければうれしく思います。

また誌面に収まりきらなかった作品や、映画の予告編、音楽のミュージックビデオなどは、特設 Web ページ（下記 QR コード参照）でご覧いただけます。ぜひアクセスして、さらに学びを深めていただければと思います。

ラテンアメリカのフェミニズム資料集拡大版
特設Web ページはこちら

https://chuunanbei-magazine.net/feminismolatino.html

資料作成班

伊藤嘉章／洲崎圭子／新谷和輝／水口良樹／見田悠子